地方高校行政管理理论与创新研究

陈冬梅 著

北京工业大学出版社

图书在版编目（CIP）数据

地方高校行政管理理论与创新研究 / 陈冬梅著. — 北京：北京工业大学出版社，2022.8
　　ISBN 978-7-5639-8420-6

Ⅰ. ①地… Ⅱ. ①陈… Ⅲ. ①地方高校－行政管理－研究－中国 Ⅳ. ①G647.2

中国版本图书馆CIP数据核字（2022）第183743号

地方高校行政管理理论与创新研究
DIFANG GAOXIAO XINGZHENG GUANLI LILUN YU CHUANGXIN YANJIU

著　　　者：	陈冬梅
责任编辑：	张　娇
封面设计：	知更壹点
出版发行：	北京工业大学出版社
	（北京市朝阳区平乐园100号　邮编：100124）
	010-67391722（传真）　bgdcbs@sina.com
经销单位：	全国各地新华书店
承印单位：	唐山市铭诚印刷有限公司
开　　本：	710毫米×1000毫米　1/16
印　　张：	11.25
字　　数：	225千字
版　　次：	2023年4月第1版
印　　次：	2023年4月第1次印刷
标准书号：	ISBN 978-7-5639-8420-6
定　　价：	72.00元

版权所有　翻印必究

（如发现印装质量问题，请寄本社发行部调换 010-67391106）

作者简介

陈冬梅，女，1984年11月出生，江苏东台人，毕业于扬州大学，硕士研究生，助理研究员。研究方向：教育管理、行政管理等。

序 論

前　言

随着社会的飞速发展，大学生越发成为推动社会进步的主要力量。大学生在高校接受教育的优劣程度直接影响人才培养的水平，而地方高校行政管理体系直接影响着高校教育的质量。在新时期高校教育体制改革的背景下，地方高校要抓住这一机会整合教育资源，革新地方高校行政管理体系，进而提高高等教育的质量。

全书共七章。第一章为绪论，主要阐述了地方高校的发展态势、地方高校行政管理的重要性；第二章为地方高校行政管理的历史与现状，主要阐述了地方高校行政管理的历史进程、地方高校行政管理改革的成果、地方高校行政管理存在的问题、地方高校行政管理效率的影响因素；第三章为地方高校行政管理的内涵，主要阐述了地方高校行政管理的对象、地方高校行政管理的内容、地方高校行政管理的职能、地方高校行政管理的运行机制、地方高校行政管理的执行体系；第四章为地方高校行政管理的理论模式，主要阐述了科层式管理模式、参与式管理模式、服务型管理模式；第五章为国外高校行政管理的经验与启示，主要阐述了国外高校行政管理的经验和国外高校行政管理的启示；第六章为地方高校行政管理人员的专业化建设，主要阐述了地方高校行政管理人员的职业角色分析、地方高校行政管理人员的职业道德建设、地方高校行政管理人员的专业化建设策略；第七章为地方高校行政管理创新的策略，主要阐述了地方高校行政管理理念的创新策略、地方高校行政管理环境的优化策略、地方高校行政管理体制的深化策略、地方高校行政组织机构的变革策略、地方高校绩效考核机制的完善策略、地方高校行政管理执行力的提升策略、地方高校行政管理人员绩效管理体系的构建策略。

为了确保研究内容的丰富性和多样性，笔者在写作过程中参考了大量理论与研究文献，在此向涉及的专家学者表示衷心的感谢。

最后，限于作者水平，本书难免存在一些不足，恳请同行专家和读者批评指正。

目　　录

第一章　绪　论···1
　　第一节　地方高校的发展态势···1
　　第二节　地方高校行政管理的重要性···14

第二章　地方高校行政管理的历史与现状···16
　　第一节　地方高校行政管理的历史进程···16
　　第二节　地方高校行政管理存在的问题···20
　　第三节　地方高校行政管理效率的影响因素····································27

第三章　地方高校行政管理的内涵···41
　　第一节　地方高校行政管理的对象··41
　　第二节　地方高校行政管理的内容··43
　　第三节　地方高校行政管理的职能··48
　　第四节　地方高校行政管理的运行机制···49
　　第五节　地方高校行政管理的执行体系···54

第四章　地方高校行政管理的理论模式···58
　　第一节　科层式管理模式··58
　　第二节　参与式管理模式··64
　　第三节　服务型管理模式··72

第五章　国外高校行政管理的经验与启示···92
　　第一节　国外高校行政管理的经验··92
　　第二节　国外高校行政管理的启示··97

第六章　地方高校行政管理人员的专业化建设 ·········· 103
第一节　地方高校行政管理人员的职业角色分析 ·········· 103
第二节　地方高校行政管理人员的职业道德建设 ·········· 109
第三节　地方高校行政管理人员的专业化建设策略 ·········· 126

第七章　地方高校行政管理创新的策略 ·········· 143
第一节　地方高校行政管理理念的创新策略 ·········· 143
第二节　地方高校行政管理环境的优化策略 ·········· 146
第三节　地方高校行政管理体制的深化策略 ·········· 147
第四节　地方高校行政组织机构的变革策略 ·········· 151
第五节　地方高校绩效考核机制的完善策略 ·········· 154
第六节　地方高校行政管理执行力的提升策略 ·········· 159
第七节　地方高校行政管理人员绩效管理体系的构建策略 ·········· 165

参考文献 ·········· 170

第一章 绪 论

地方高校不仅要培养学生的理论知识,还要加强学生的思想道德教育,为学生树立正确的世界观、人生观、价值观,为学生日后的工作生活打下坚实的基础。行政管理在一定程度上影响着高等教育的质量。本章分为地方高校的发展态势和地方高校行政管理的重要性两部分。主要包括地方高校的身份认知、地方高校发展的境遇、地方高校行政管理的重要性等内容。

第一节 地方高校的发展态势

一、地方高校的身份认知

中华人民共和国成立及以后较长的时期,我国高等院校管理受苏联模式的影响较大,形成了中央部委直属高校、地方省(区、市)管理高校的"二元"管理模式。改革开放以来,职业院校与民办高校异军突起,形成了中央部委直属高校、地方高校和民办高校的"三元"体制。地方高校因其数量众多、分布地域广泛、培养学生数量在全国高等教育体系中占比较高等特点,成为我国高等教育特别是本科及研究生教育主体的同时,也引起了教育界、理论界乃至社会各界的广泛关注,有必要从多个维度对地方高校进行全面而深刻的认识、理解与把握。

(一)概念的厘清

从字面意义上说,地方高校是从学校隶属关系的角度出发而形成的集合概念,是与中央部属高校相对应的称谓,主要指由各省、自治区、直辖市人民政府及其教育行政部门主办、管理的普通高等院校。

地方高校生源以所在省(区)、市为主,主要为地方经济建设和社会发展服务。无论是学校的数量还是在校生数量，都占据了我国高等教育，特别是本科院校的较大比重，是我国高等教育的主体力量。

（二）定位特色

在高等教育大众化时代，地方高校是我国高等教育系统的中坚力量，从重要层面或较大意义上反映了我国整个高等教育事业的总体水平。潘懋元（2010）指出，地方本科院校办学情况复杂，实力强弱悬殊，办学层次高低不一；既有办学历史悠久的老牌大学或学院，又有新建不久的本科院校。有的长期受到传统大学影响，重理论学术、轻应用实践；有的刚从专科院校升格为本科院校，旧的办学模式不适合本科院校办学，新的模式尚未建成。董泽芳和张继平（2007）指出，地方高校最重要的特点就是地方性，应以促进地方经济和社会发展为历史使命。

诚然，不同的地方高校各有其独特性，但地方高校作为高等学校的重要组成部分，已然具备一些共同的基本特征和相对独特的办学定位。

1.教育经费投入以地方投入为主

学校获取办学经费的渠道，主要以学校所在地的地方政府主管部门以生均拨款、项目经费拨款以及政府批准的学费、住宿费等形式，下达或收缴到各高等学校来维持其正常的运行。

2.主要由省级地方政府建设

地方高校除了一小部分是由中华人民共和国成立前的教会学校、国民政府时期的学校延续而来，绝大多数是中华人民共和国成立后由各省（区）、市根据经济社会发展需要陆续建立起来的带有浓厚属地性质的高等院校。

3.主要是教学研究型大学

由于历史等多种原因，除了北京、上海、南京、武汉、西安、天津等高等教育高度集中的区域，其他省（区）、市高等院校中的地方高校由于办学定位、办学水平等因素影响，多是教学研究型高校。

4.主要面向地方经济社会及文化事业发展需求

这是受地方高校的办学所在地、办学属性、办学定位、生源结构、本地经济社会与文化事业发展需要等诸多因素影响形成的浓郁的地方特征。

5.以专业性应用教育为主

与中央部属高校以培养学术型、研究型、精英型人才为主不同,生源质量、服务面向、地方需求等因素,决定了地方高校大多以专业性应用教育为主。

二、地方高校的教育特色

(一)以立德树人为根本任务

近年来,以习近平同志为核心的党中央高度重视并不断加强对高等教育的领导与指导,围绕立德树人这一根本任务,对培养什么人、怎样培养人、为谁培养人这些根本问题进行了系统阐述。我国高等教育事业发生了历史性变革,并取得了历史性成就。教育界和理论界也在不断深入研究我国高等教育的发展。伴随我国政治、经济、社会发展水平的不断提高,我国高等教育事业得到了快速发展,大学办学理念也在不断地演变。

我国经济社会改革发展进入新时代,高等教育、高等院校的持续发展,必须遵循教育规律、处理好守正与创新的关系,必须坚持党的教育方针、落实立德树人根本任务。党的十八大、十九大都强调了高等院校要落实立德树人的根本任务,这是高等院校自身的历史使命和责任担当,也是重大的政治任务和时代要求。这就要求包括地方高校在内的全国高等院校必须始终坚持以人才培养为中心,始终把培养德、智、体、美、劳全面发展的合格人才作为一以贯之的中心工作、中心任务并持之以恒地抓下去。

除此之外,用人单位也在不断提高对地方高校人才培养质量的期待值,它们希望高等院校不仅要加强基本理论、基础知识的教学,还要重视学生综合素质的培养,期待高校强化学生的创新意识、培养学生的开拓精神,提高学生的社会适应能力,使之能不断适应新形势、新任务、新挑战。在新时代背景下,迫切需要地方高校按照新时代人才观的要求,推进教育教学工作的改善与提高。

地方高校要担负起立德树人的根本任务,必须致力于高质量发展,必须不断提高办学水平。这就要求地方高校全面、客观认识"双一流"建设的精神实质,摒弃"双一流"建设与地方高校无关的错误观念,不断增强改革发展的时代责任感。地方高校必须传承弘扬业已形成的优势与特色,努力克服影响高质量内涵式发展的阻力与障碍,通过开拓创新不断赋予传统办学理念新的内涵和时代色彩。

（二）将办学质量作为生命线

百年大计，教育为本。实现高等教育内涵式发展，提升办学质量是关键和保障，这是由高等院校立德树人的根本任务决定的，也是深入贯彻落实习近平总书记提出的"教育是国之大计、党之大计""立德树人""为党育人、为国育才"重要论断的必然要求。高等院校是培养人的地方，高等院校培养的人才是党和国家事业的接班人。高等院校培养的人才质量，不仅事关学生的未来、学校的声誉，更事关党和国家事业的发展。

2018年以来，教育部陆续下发《关于加快建设高水平本科教育全面提高人才培养能力的意见》《关于加快建设发展新工科 实施卓越工程师教育培养计划2.0的意见》《关于实施卓越教师培养计划2.0的意见》等文件，实施"六卓越一拔尖"计划2.0，大力发展新工科、新医科、新农科、新文科（简称"四新"），全面提升人才培养质量。而高等院校培养的人才质量又取决于高等院校的办学质量，由此可见，高等院校的办学质量特别重要。所以，地方高校在发展理念上，尤其要把提高办学质量放在重中之重的特殊位置来认真对待。

由于我国大学的隶属关系、办学水平、办学类别的较大差异性，在重视办学质量提高方面，地方高校与中央部属高校应该有所不同。地方高校应该把好基于区域禀赋和地方特色的质量关。这一质量关突出强调两个方面的内容：一是推进区域高等教育现代化和高质量协调发展，既是区域内高等教育获得新的发展机遇和取得新的突破的内在要求，也是由特定的外部经济社会条件和整体环境决定的必然选择。因而必须基于区域实际确立适宜的质量标准和评价体系，更加突出服务区域经济社会发展和国家重大战略需求的贡献度。二是区域高等教育协调发展的质量观，不是以国际国内高水平大学或高等教育先进区域为样板的质量观的移植或扩散，而是基于区域资源禀赋差异和区域经济社会发展重大需求的特色发展、错位发展的质量观。同时，在"四新"建设上，地方高校要积极发挥办学优势，积极融入地方发展格局，提高人才培养质量，提高服务经济社会发展水平。

（三）以学校整体跃升为目标

《中国教育现代化2035》指出，面对新形势、新任务必须清醒认识到，我国教育发展仍不平衡、不充分，突出表现之一即是区域之间的发展水平尚存在明显差距。对我国高等教育而言，这一问题尤为突出。但是，对全国高等院校来说，

《中国教育现代化 2035》提出的加快推进教育现代化、建设教育强国、办好人民满意的教育，坚持教育为人民服务、为中国共产党治国理政服务、为巩固和发展中国特色社会主义制度服务、为改革开放和社会主义现代化建设服务的指导思想是统一的；《中国教育现代化 2035》提出的着力提高教育质量，促进教育公平，优化教育结构，为决胜全面建成小康社会、实现新时代中国特色社会主义发展的奋斗目标提供有力支撑的任务与要求也是一致的。这种指导思想的统一性、任务要求的一致性，明确了地方高校在办学目标与办学方向上必须坚持高质量发展与整体提升。

地方高校的高质量发展与整体提升，是推动我国高等教育事业实现教育现代化、迈入教育强国行列，推动我国成为学习大国、人力资源强国和人才强国的必然要求，否则，《中国教育现代化 2035》的目标就无法实现，也就无法为我国到 21 世纪中叶建成富强民主文明和谐美丽的社会主义现代化强国奠定坚实基础。这就要求我们必须学懂弄通高等教育高质量发展的辩证法，认真探究地方高校通过内涵式发展实现高质量发展与整体提升的路径、措施和方法。

三、地方高校发展的境遇

（一）地方高校发展的困顿

纵观我国高等教育改革发展的现状不难发现：一方面，中央部属高校在国家"双一流"建设战略引导下，利用其拥有的平台、经费、政策和声誉等优势，乘势而上、率先垂范，各方面启动了系统性、整体性、协同性、灵活性的改革，进一步巩固和扩大自身优势。另一方面，地方高校由于受历史惯性等诸多因素的影响，对服务地方认识不足、缺乏培养应用型人才的经验。上述外部环境的竞争压力与地方高校自身发展中存在的问题，使地方高校面临许多挑战和困难。

1. 外部困难

全面审视我国地方高校发展的历史轨迹，影响、制约我国地方高校发展的外部因素可以归结为两点。

（1）政策支持不足

地方高校良性发展的"源头活水"在于健全的政策。地方高校受地方政府及地方教育行政部门管理。这导致地方高校缺乏一定的自主办学、自主管理、自主规划的权力，并且在专业设置、人才工程、研究生推免指标、博士点评审和招生指标等方面也存在诸多限制，与中央部属高校有较大的差距。同时，办学条件和扩招任务的不对称性、发展任务超前和政策扶持滞后、办学资源竞争中的弱势地位等，导致部分地方高校的发展较慢。

（2）财政投入不足，生均经费偏低

当地政府是地方高校经费的主要来源，其财政收入在很大程度上决定了地方高校生均拨款水平。由于各省市各地区经济、社会发展水平有一定差异，加之20世纪90年代末高等教育规模迅速扩大等原因，我国部分地方高校存在办学经费不足的现象。为了进一步解决地方高校经费投入偏低、区域间差距逐步增大等难题，2010年11月，财政部和教育部联合发布了《关于进一步提高地方普通本科高校生均拨款水平的意见》，要求各地进一步提高地方高校生均拨款水平，促进区域之间高等教育协调发展。原则上，2012年各地地方高校生均拨款水平不低于12000元。随着该意见的颁布出台，地方高校的事业发展经费有所增加，但仍然任重道远。经过多年的持续建设，部分地方高校生均拨款水平不高，区域间差距仍然存在；一些地方高校的生均拨款水平出现下降趋势，且后期增长乏力；从全国范围看，个别地区对地方高校的财政投入不足以明显提高生均拨款水平。

2. 内部困扰

（1）办学目标盲目攀高

在长期的发展历程中，地方高校由于受传统社会观念的影响，很多地方沿袭、模仿中央部属高校的发展之路，出现了定位求高求大的发展趋势。部分地方高校将学校发展目标不切实际地表述为"国内一流、国际上有一定影响"，热衷于创建学科门类齐全的综合类大学。从我国高等教育的实际看，当前我国有些地方高校明显不属于国家高等教育系统中的第一方队，如果办学目标定位被人为地拔苗助长，甚至严重脱离实际，将会严重影响地方高校的内涵式发展。

（2）人才培养定位较为空泛

地方高校与中央部属高校的人才培养目标趋同，不满足社会对人才的多样化需求。比如地方高校提出的"德、智、体、美、劳全面发展""宽口径、重基础、强能力、增素质""知识结构优、实践能力强、创新精神强、社会责任感强""有知识、有能力、有修养"等人才培养目标，有些地方高校片面注重培养学术型、研究型人才，忽视了适应地方经济发展的应用型人才的培养，这种人才取向不利于我国高等学校的分类发展和多样化人才的培养。

(3) 学科发展定位趋同跟风

目前，地方高校的学科门类主要集中在理学、工学、管理学、经济学、文学、法学，导致在学科定位上存在较大程度的趋同性。同时，地方高校学科专业调整易受经济发展、就业形势等外界因素的影响，存在盲目跟风、简单化操作等倾向，不能正确处理好新兴学科、交叉学科、传统学科之间的关系，学科新增和退出机制不完善，存在硕士点、博士点和学科门类的攀比之风。如此，容易与地方经济发展相脱节，并造成学校办学历史悠久学科、特色鲜明学科逐渐减少。

(4) 服务定位指向模糊

服务面向是指高校的人才培养、学术科研等工作面向的地理区域或行业范围。服务面向的定位则包括了服务的区域、领域、层次、形式四方面的定位。目前，有些地方高校在这四个方面的定位上产生了偏离，过分强调发挥学校基础研究、原始创新和突破关键核心技术等作用，轻视面向所在地域、产业行业的需求，这种服务定位范围过大、指向性不强，也不利于地方高校的长久发展。

(二) 自我期待激发变革的内发力

1. 特色发展驱动

要使我国高等教育有创造性，需要做多方面的努力，也需要有一个长期的积累过程，但其中关键一条是学校要有自己的办学特色。特色是一所大学经过一定时间的办学沉淀后显示出来的与众不同的本色特质，是一所高校区别于其他高校的具有标识意义的独有特征。特色体现创新，特色再现生命力。没有特色的学校将失去生命力，在激烈的竞争中难免会被淘汰。高校外在形象或印象虽然是表象，但是可以展现大学的精神风貌，使人在一定程度上能够通过外在形象或印象感受到大学内涵。地方高校推进内涵式发展、创新性发展，必须注重特色的传承与塑造。

(1) 鲜明的特色

大学应各具情态，突出个性化。此大学与彼大学的区别，具备很强的自我标志性。提到一所大学立刻就会在头脑中浮现一些固定的标签，如牛津的思想、剑桥的学术、哈佛的自由、耶鲁的独立、北京大学的宽容、清华大学的严谨、南开大学的诚信等。特色，首先是指办学的理念特色。乔万敏、邢亮等指出，大学应根据自己的文化遗产、学术传统、学术特点、地域和行业特点，从办学理念中建立个性化的发展理念。根据学校自身运行条件和当地经济社会发展的要求，形成大学发展的个性化指导思想。其次是指学科专业特色。一些传统的特色大学为了追求大而全,建设所谓的综合性大学,导致学科专业趋同,失去了自己的特色。最后是指大学的文化氛围乃至地理位置、建筑风格、生活方式的特色。

(2)独特的文化

地方高校通过师生、成果和风貌让人真实地感觉到大学是社会文明进步的引领者,是真理的发源地和守护神。一所高校的师生会很容易让人感受到智慧的力量、学科专业知识的玄奥、鲜明的风格。无论是内修静养还是豁达豪爽,无论是温文尔雅还是智慧幽默,都会让人感受到高校超凡的气质和内涵,因此更加仰慕、尊重和支持高校的存在和发展。地方高校应重视外部形象的建构,首先,地方高校应保持自身的风格和传统;其次,地方高校应有引领社会趋向光明的使命;最后,地方高校应有理解、尊重和包容不同民族和不同思想信仰的胸怀。

2. 内在要素更新

承载大学内涵的内在要素包括内在的物质要素,如大学教学、科研创新和服务社会;内在的精神要素,如高校的学术自由、崇尚学术和人文关怀的文化传统、核心价值观;内在的结构性要素,能够保证物质要素和精神要素水平与质量向社会展示高校的能力、品质和内涵,也是高校与社会互动的媒介。

(1)承载大学内涵的内在物质要素

高校内在物质要素质量和水平的提高要求高校的每一个功能、每一个环节都能高效运转,都能发挥最佳的效能。

①教学的水平和质量。教学是高校最根本、最重要的使命,是大学内涵最重要的体现。钟秉林教授认为人才培养是高校质量建设的核心。高校的教学应该是高效的,高校的每一个课堂都应该是经过精心打磨的、高质量的课堂,高校的每一节课应让每一位学生感受到知识的力量,让每一位学生的心灵和智慧都得到开发,让每一位学生的精神得到关爱,让每一位学生的学术成就得到肯定,因为课堂质量能够决定教育教学的最终质量。

因此,高校教师应具备扎实的专业知识和技能;应具有一定的教育学、心理学知识,知道如何有效促进学生建构自己的知识体系;必须要掌握先进的教育技术手段,让学生轻松地掌握比较复杂抽象的知识,或者用技术手段展示知识的真实场景,让学生了解知识的内在逻辑。

②科研创新的水平和质量。创新是推动社会进步的重要方式。除了传授现有知识,高校还应不断探索未知领域。一方面,验证现有知识和常识的正确性;

另一方面，探索人类的未知领域。高校的科研和创新要求具有开创性。高校的科研要具有为国家、为民族无私奉献，改变人类生活和命运的情怀，作为科学家要遵守最基本的研究伦理；高校的科研应脚踏实地，不能急功近利，浮躁冒进。有些科学家一生都在从事一项研究，可能一生都没有取得突破，这都是正常的，但是他们做出的基础性贡献是不可磨灭的。无论如何，高校的学者都不能为了某些利益，投机取巧，虚假浮夸。

③服务社会的水平和质量。1904年，美国威斯康星大学校长范·海斯（Charles V. Hayes）提出：威斯康星大学希望为人们提供信息、光明和指导。服务于社会的功能和概念开始出现在高校发展的历史中。其实高校自诞生以来一直都不是封闭的象牙塔，高校自产生之日起，就是为了传播高深的学问，培养社会需要的人才。探索真知除了满足人类求知的欲望，目的还是实现人类生存、发展和幸福的终极目标，只不过象牙塔式的高校学习和研究内容更超脱人类现实的生活而已。高校不仅要研究高深的超脱现实生活的学问，还要研究与人类生活直接相关的学问，直接为现实生活服务，这种理念受到了社会的欢迎，社会与高校直接产生了互动，有利于获得社会的支持。高校在服务于社会之时，首先，要引领责任，如一项发明创造的推广、一种先进精神文化思想的普及等，这些服务能够引领社会向更高层次的文明进步。其次，高校要根据社会的需要，通过研究、探索、发现，能够解决社会的实际问题。最后，高校应确立服务的理念，避免纯商业的思维。

④校内软硬件服务的水平和质量。反映大学内涵的物质要素也包括高校内部的物质构成，高校学习和科研的条件是高校生存和发展的物质基础。比如，一流的图书馆是高校智慧的心脏，图书、期刊资料的齐全，电子资源的广泛使用，与国内、国外馆际资源的流通合作等是高校师生学习和研究的必要条件。高校图书馆还应该营造一种学术氛围，让身在其中的师生能够身心愉悦、舒适方便地徜徉在学术的海洋。再如，实验室是科学研究的重要场所，对高校来说，应筹集资金建设先进的实验实训设备，为教师和学生提供科学研究和实验、实习和培训的必要条件。当然，还有其他为高校师生服务的设施设备，都应该让生活在其中的师生使用起来感到方便、舒适和愉悦。当前的信息化时代，高校应开发应用最新的技术，提高科研学术平台的信息化水平，助力科研进入高速化、智能化时代。

（2）承载大学内涵的内在精神要素

大学内涵的内在精神要素是高校的文化传统和核心价值观,"双一流"建设背景下地方高校更应该突出大学的文化和价值观建设。

①学术自由。高校是学术圣地,大学生追求知识、研究创新知识必须具备自由的、宽松的学术氛围。如果学术自由受到禁锢,很难产生睿智的思想、创新的思维和灵感,人文社科研究就难以产出充满创新、激情的华丽乐章和充盈深邃、充满哲思的作品,自然科学研究也就更难产出富于创造性的科技成果。学术自由需要打破思想禁锢,突破某些支配精神力量的束缚。

②真理至上。高校的存在就是要传播大学问,创造新知识。这里的知识和学问就是真理,高校一开始就把追求真理作为自己的终极目标。大学生因强烈的求知欲和人文情怀而学习、验证已有的真理,并不断开拓新的知识领域。高校不是官僚机构,不是神学的婢女,它永远是追求真理和知识的殿堂。学术探究、追求真理是高校存在的意义,高校的师生都把探究学术和追求真理当作自己不懈追求的事业。因为高校追求的是真理,所以它不应该也不可能是媚俗的、世故的。

③人文关怀。人文关怀是人本思想在高校的直接体现。高校除了科学理性的思想,还具有尊师爱生的人文情怀。中华民族历来有尊师重教、崇智尚学的优良传统,教师对自己的学生无不关怀备至,爱生如子,扶贫济困,学生甚至与大学教授同吃同住。很多大学还把师生交流的时间作为衡量学生满意度的一个标准。同时高校把这种人文的精神传递给学生,重视培养学生的爱国情感和责任意识,激发学生强烈的社会责任感。加之高校校园文化的本质是把握人类的发展需求,关注人的生存价值,所以高校不仅是追求真理的殿堂,也是大爱情怀的发源地。

（3）承载大学内涵的内在结构性要素

无论是高校的教学、科研创新还是价值观等精神要素,都能体现出大学的主观的自觉精神,要保障这种主观的自觉,必须尊重学术的自由性,采取学术自治的治理模式。

①尊重师生主体地位。高校是一个学术机构,由追求学术的教师和学生组成。其他人员都是以不同的形式为高校师生服务。现代的大学管理集中在行政事务和后勤事务方面,科层式的行政权力保证了管理与服务的高效;与学术权力体系相比,行政权力体系处于辅助地位。

②师生参与大学管理。管理是团队成员互相影响并与外部环境互动的过程。大学需要一定的规则秩序,但是大学的管理区别于层级式的科层式管理模式,对

于大学的管理一般不采用命令—服从的管理模式,而是采取高校师生分享和参与的管理模式。

3."双一流"建设带来的机遇

随着 2015 年 10 月《统筹推进世界一流大学和一流学科建设总体方案》的实施,我国高等教育吹响了"双一流"建设的号角,"双一流"建设成为新时代中国高等教育发展的战略选择和努力目标。地方高校如何参与"双一流"建设、如何以"双一流"建设精神指导学校改革工作,成为无可回避的时代责任和神圣使命。

(1)"双一流"建设方案的实施历程

2015 年 8 月,中共中央全面深化改革领导小组第十五次会议审议通过了《统筹推进世界一流大学和一流学科建设总体方案》,并于同年 10 月由国务院公布。方案明确了"双一流"建设的任务:建设一流师资队伍;培养拔尖创新人才;提升科学研究水平;传承创新优秀文化;着力推进成果转化。同时,明确提出改革任务:加强和改进党对高校的领导;完善内部治理结构;实现关键环节突破;构建社会参与机制;推进国际交流合作。

2016 年年初,教育部官方网站发布《2016 年工作要点》,强调要加快世界一流大学和一流学科建设,同时拟定了"双一流"建设实施方案。同年 6 月,教育部官方网站再次发布公告,宣布与"985 工程""211 工程"相关的系列文件终止,至此"两大工程"正式成为我国高等教育事业发展进程中的过去式。

2017 年 1 月,教育部、财政部、国家发展改革委联合发布了《统筹推进世界一流大学和一流学科建设实施方案(暂行)》,进一步详细明确了遴选条件、遴选程序、支持方式、动态管理等方面的规定。9 月,教育部、财政部和国家发展改革委再次联合发布了《关于公布世界一流大学和一流学科建设高校及建设学科名单的通知》,引起我国高等教育界乃至全社会的极大关注。10 月,习近平总书记在中国共产党第十九次全国代表大会上进一步强调,要加快我国一流大学和一流学科建设,实现高等教育内涵式发展。

2018 年 8 月,教育部、财政部、国家发展改革委第三次联合发布关于"双一流"建设的文件,印发《关于高等学校加快"双一流"建设的指导意见》。进一步明确建设任务:落实立德树人根本任务,培养社会主义建设者和接班人;全面深化改革,探索一流大学建设之路;强化内涵建设,打造一流学科高峰;加强协同,形成"双一流"建设合力。

（2）"双一流"建设方案的演进

自 2015 年 10 月以来，我国连续颁布 4 个关于"双一流"建设的政策方案。习近平总书记在中国共产党第十九次全国代表大会、全国教育大会等不同会议上均强调了推进"双一流"建设，这在我国高等教育发展史上实属罕见。一方面，体现了党和国家对高等教育事业发展的重视程度达到了历史新高度；另一方面，包括地方高校在内的全国高等院校必须坚定推进内涵式发展的决心和信心。地方高校的发展，必须紧紧围绕人才培养、科学研究、社会服务、文化传承创新、国际交流合作的重要使命来展开。同时，为确保各项职能的发挥，地方高校必须坚持改革创新，深化综合改革，强化治理体系与治理能力建设，使改革成为内涵式发展的强大动力，这是新时代办好人民满意教育的必然要求。

2019 年 2 月，中共中央、国务院印发《中国教育现代化 2035》，提出了推进教育现代化的八大基本理念：更加注重以德为先、更加注重全面发展、更加注重面向人人、更加注重终身学习、更加注重因材施教、更加注重知行合一、更加注重融合发展、更加注重共建共享。在推进教育现代化的总体目标中提出：到 2035 年，总体实现教育现代化，迈入教育强国行列，推动我国成为学习大国、人力资源强国和人才强国，为到 21 世纪中叶建成富强民主文明和谐美丽的社会主义现代化强国奠定坚实基础。并在十大战略任务中，提出分类建设一批世界一流高等学校，建立完善的高等学校分类发展政策体系，引导高等学校科学定位、特色发展，持续推动地方本科高等学校转型发展。这实际上重申了"双一流"建设的相关内容。

（三）外部评价带来改革动力

长期以来，在各省（区）、市政府部门及社会各界的关心支持与推动下，我国地方高校砥砺奋进、不懈努力，取得了长足发展，为我国经济社会发展做出了积极的贡献。抛开面面俱到的描述，从备受关注、备受瞩目的第四轮学科评估、"双一流"建设名单、武书连大学排行榜等不同视角的分析，也能从宏观上较好地了解近年来我国地方高校的改革发展情况。

1. 第四轮学科评估

学科评估是由教育部学位与研究生教育发展中心（以下简称"学位中心"）依据国务院学位委员会和教育部联合发布的《学位授予和人才培养学科目录》（以下简称《学科目录》），对具有博士、硕士学位授予权的一级学科组织开展的整体水平评估，是学位中心以第三方的方式开展的非行政性、服务性评估项目，具有很高的权威性，受到高等学校、社会各界的高度关注。资料显示，第四轮学科评估于2016年4月启动，评估范围涉及95个一级学科（不含军事学门类等16个学科），共有513个单位的7449个学科参评。本轮评估第一次采用百分位"分档"的方法，不公布得分、名次，只公布高校学科的等级，将位于前70%的学科分为9档，其中前2%或前两名的学科评估为A+。

从数据统计来看，地方高校表现不俗：南京师范大学、首都师范大学、华南师范大学等14所地方高校表现优异，其特色优势学科与中央部属高校同列A+。上海中医药大学位列A+的学科最多——有3个，分别是中医学、中西医结合和中药学，其中中医学、中西医学科与北京中医药大学并列A+。而中药学学科方面，则是上海中医药大学和黑龙江中医药大学两所地方高校并列A+。南京林业大学有2个A+学科，分别为林业工程、林业，其中林业工程与东北林业大学并列A+，林业学科与北京林业大学并列A+。中国美术学院有2个A+学科，分别为美术学与设计学，其中美术学与中央美术学院并列A+，设计学学科则与清华大学并列A+。

11所地方高校分别拥有1个A+学科：云南大学的民族学、上海体育学院的体育学、华南师范大学的心理学、西北大学的考古学、南京信息工程大学的大气科学、西南石油大学的石油与天然气工程、上海海洋大学的水产、天津工业大学的纺织科学与工程、南京医科大学的公共卫生与预防医学、上海音乐学院的音乐与舞蹈学、黑龙江中医药大学的中药学。

这些地方高校学科获评A+，充分体现了近年来地方高校改革发展成果之不俗，也验证了地方高校在我国高等教育体系中不可忽视的地位。这些地方高校的学科之所以能被评为A+，有的是因为办学传统优良，有的是因为行业实战经验丰富，有的是因为有明确的办学定位，集中发力，久久为功。正如有的专家所说：特色，才是生存之本。

2. ESI 综合排名

基本科学指标数据库（Essential Science Indicators，简称ESI），是衡量高校科学研究绩效、跟踪科学发展趋势的基本分析评价工具，在高校中拥有很高认可度。目前，ESI已成为评价高等学校、学术机构、国家或地区国际学术水平及影响力的重要评价指标工具之一。

从2021年1月公布的全国高校ESI排名情况看，在中国内地高校ESI综合排名 TOP 100 名单中，中央部属高校 66 所，地方高校 34 所，其中，苏州大学的论文数、他引数、前 1% 学科数、前 1‰ 学科数等指标数据在地方高校中均遥遥领先。

地方高校在 ESI 方面的数据及表现，从另一个角度印证了地方高校在全国高等教育体系中的重要地位。

3. 政府对高校的考核评价

2020 年 10 月，中共中央、国务院颁布实施《深化新时代教育评价改革总体方案》，要求改进高等学校评价办法，引导不同类型高校科学定位，办出特色和水平，这给地方高校发展指明了方向。2019 年，山东省政府办公厅印发《山东省本科高校分类考核实施方案（试行）》（鲁政办字〔2019〕176 号），山东省开始实施分类考核评价，根据山东省经济社会发展对不同层次人才的需求和高校发展基础，按照 Ⅰ 类（省属博士学位授予权高校）、Ⅱ 类（省属硕士学位授予权高校）、Ⅲ 类（其他省属公办本科高校），对省属公办普通本科高校实施分类考核。如 2020 年省属本科高校分类考核指标体系（定量指标）分为重点任务、学科专业、师资队伍、人才培养质量、科学研究与社会服务等 8 个一级指标，但对于不同类型高校，每个指标考核的权重和侧重点都不一样，在采集考核数据时，不同类型高校采集的范围也有很大不同，通过考核指挥棒引导不同类型高校科学定位、特色发展。

第二节　地方高校行政管理的重要性

一、有利于地方高校提高竞争力

地方高校之间越来越激烈的竞争是科研教学水平、人文素质、行政管理水平等综合实力的较量。地方高校要想在激烈的竞争中占据优势地位，就应该提高自身的行政管理效率和科学教育水平，最终战胜对手。

二、有利于地方高校改革管理体制

目前，我国正处于社会变革时期，社会的快速发展对地方高校管理体制提出了新的更高要求，地方高校管理体制改革依赖于高效的行政管理能力。在转变机制、精简机构等方面取得了一些成绩，但成绩还不够突出，改革步伐相对较慢，需要提高行政效率，改革行政体制。

三、有利于地方高校提升专业管理水平

地方高校行政管理的专业性很强，在行政工作不断优化的过程中，相关部门必须保证专业水平的充分发挥，这对提高行政人员的技能和水平具有重要意义。管理团队可以确保管理工作的效率、发展和可持续性，专业的培训、优秀的工作技能和出色的管理技能对行政管理人才的发展至关重要。引进专业人才，不断学习适应新时代背景下的管理方法，建立健全高效的行政管理体系，充分保证了人才能力提升的可持续性，从而提高服务型行政部门的工作水平。

四、有利于地方高校履行职责

无论是行政部门还是其他专业岗位的工作，明确履行职责，认真履行职责是最高的职业道德。在职业规范及其相应的责任和处罚中，核心责任机制对明确服务型行政管理改革的目标和作用至关重要。创新、科学合理地履行各项工作职责，可以实现共同努力、共同前进，实现集体利益和个人利益，满足地方高校师生的个性化需求，促进行政部门加强信息流通，提高工作效率。

五、有利于地方高校提升社会形象

地方高校与社会各个领域联系密切，因此，地方高校行政管理的质量直接影响社会各界对高校的看法和地方高校本身的教学工作，间接影响地方高校在社会上的形象，所以，更高效的行政管理是地方高校塑造良好社会形象的必由之路。

第二章 地方高校行政管理的历史与现状

近年来，我国高等教育事业的发展取得了长足进步。各地方高校在办学模式、办学条件、人才引进、资金投入等方面都获得了显著发展，但在行政管理工作方面的改进仍待提升，行政管理效率依旧停留在较低的水平，所以，提高行政管理效率已被大多数地方高校列为重要且紧迫的课题。本章分为地方高校行政管理的历史进程、地方高校行政管理存在的问题、地方高校行政管理效率的影响因素三部分。主要包括行政管理体制不健全、行政管理机制不完善、行政管理队伍素质参差不齐等内容。

第一节 地方高校行政管理的历史进程

党的十一届三中全会之前，我国在计划经济体制方面，经历了近三十年的高度集中制，政府对整个国家经济的宏观调控以高度集权的直接管理为最主要特征。在高度集中的体制背景下，我国的计划经济体制与各高校的管理体制完全是一致的，而政府与各高校之间也一直是一种高度集中的管理关系。

这种关系主要表现为直接和集中的管理方式、封闭式管理模式为主和把行政管理作为最主要的手段。直接和集中的管理方式主要表现在以中央集中管理为主。学校的建立、专业设置、招生、教师分配、经费和毕业生最后的分配都由政府与学校确定。各高校所在地方政府，则是根据中央下发的规定来执行。各个地方高校建立的目的，都是以为社会培养人才、进行科学研究和为社会服务为主。各个地方高校的物力、人力和财力直接反作用于整个社会，这些都离不开学校的管理。所以，各个地方高校的管理过程都有一个基本的特征，即开放性与封闭性的统一。但是，这种封闭性的长期实行，导致各高校之间、社会与高校之间、高校培养人才与人才为社会所使用之间缺少沟通，各高校封闭式管理，社会参与度极低，导致各高校培养人才的不全面性。地方政府的管理手段主要表现在立法、规划、服务、拨款等方面。计划经济时期，我国政府对各个高校都是以上述的手段进行管理的，行政手段较为突出，行政色彩强烈。

在新中国成立的初期，国家在对各地方高校的校内管理模式上，采用了苏联的校长负责制。1958年，国家下达的文件指出，所有的高等学校都应该实行在党委领导下的校长负责制。随后在1961年的《教育部直属高等学校暂行工作条例（草案）》（简称《高教六十条》或《高校六十条》）中，规定了实行党委领导下的以校长为首的校务委员会负责制。学校在机构的设置上，大体与政府的机构设置一样，实行标准的高校行政化管理模式。

自1978年我国实行改革开放以来，社会稳步发展。我国的高等教育事业也同样得以恢复，并走上了深化改革的道路。我国的高等教育体制改革作为改革开放时期的重点，大体可以分为以下四个阶段。

第一阶段是从党的十一届三中全会之后到1985年中共中央发布《关于教育体制改革的决定》之前，这也可以说是我国高等教育体制改革的初级阶段，也是启动和酝酿阶段。在党的十一届三中全会之后，我国高等教育进入了一个"加快发展，拓宽办学模式"的新阶段。在这一阶段里，各高校面临的主要矛盾是，社会急需高校培养出人才，各高校也渴望为国家、为社会做出自己的贡献，但国家对各高校的规章制度过于束缚高校，使得高校束手束脚，这就导致社会上出现了一些想拥有高校办学自主权的呼声。1983年5月，教育部在武汉召开第二次全国高等教育会议。会议讨论了下一时期的高等院校改革和教育方针，明确以"调整、改革、整顿、提高"为教育方针，加大改革的力度，使教育的质量有条不紊地提高。扩大自主权的改革方针一经出台，从教育部到地方政府都认真地进行初步的调整，这也标志着，国家政府与高校的关系开始慢慢发生变化，还标志着一直实行的高度集中和统一的高校管理体制发生改变。当时，我国的整个社会环境都在进行改革开放，地方高校教育体制的改革和发展也慢慢地拉开了帷幕。1985年5月19日，邓小平在北京召开的全国教育工作会议上发表《把教育工作认真抓起来》的讲话。1985年5月27日，中共中央颁布《关于教育体制改革的决定》，这些都全面标志着我国的社会主义教育事业全面进入改革的历史新阶段。

第二阶段是从邓小平"南方谈话"到党在十四大中提出确立社会主义市场经济体制改革的目标以前。这一阶段可以称为高等院校全面发展的改革阶段。这一阶段主要是从各高校的管理体制上、办学体制上、招生分配体制上和高校内部管理上进行全面深入改革。1985年5月27日，中共中央颁发了《关于教育体制改革的决定》，指出了我国高等院校改革出现的问题。因此，提出了要从根本上改革这些弊端，还提出了改革的具体管理体制，在加大政府宏观管理的同时，要坚决实行下放权力，真正地实现扩大各地方高校的办学自主权。1985—1991年，我国的高等教育体制改革主要围绕着"五大体制"来进行全面的探索和改革。

这主要表现在以下三方面：第一，地方高校的办学自主权扩大了。《关于教育体制改革的决定》中，明确提出了国家赋予各高校的六项自主权，其中包括在不违背国家的政策和法令的前提下，各地方高校拥有在计划外招收一些自费的学生的权力。各地方高校有权力制定自己的教学计划和大纲，还有权力与社会的单位合作，进行科学的研究和技术的开发。有自己的权力，任免除校长之外的其他行政人员。有权力自主分配国家下拨的经费。有权力自筹经费进行科学研究或与国内外高校进行学术交流。由于国家扩大了各地方高校的办学自主权，各地方高校发挥了重要的作用，扩大规模、增设专业，为社会输送了大量的人才，与社会的联系更加紧密。第二，政府的职能发生了转变。政府把之前对各地方高校的管理时间和精力，更多地放在加强宏观管理上，达到了双赢。第三，中央政府增加地方政府管理高校的权力，这使得省级政府管理各高校的积极性增加，也使得它们的责任感加强，对高校的精力投入加大。这有利于地方经济、高等教育和社会发展三者之间的关系更加紧密。

第三阶段开辟了我国高等教育体制改革的一个新时期，其标志有三个：第一，党的十四大确立了"建立社会主义市场经济体制"的改革目标。第二，邓小平"南方谈话"。第三，1993年中共中央、国务院共同发表的《中国教育改革和发展纲要》明确提出了一直到20世纪末，我国的高等院校教育发展与改革的目标和任务。这是一个宏伟的纲领性文件，它指导了我国20世纪90年代的教育改革与发展工作，为建立一个具有中国特色的社会主义教育体制指明了方向。

1994年，全国高等教育体制改革座谈会议结束之后，政府管理的模式主要是以"共建共管、合并学校、合作办学、协作办学和划转地方政府管理"五种形式为主，高等院校的教育体制改革得以显著地发展，并提出了一个"共建、调整、合作、合并"的八字方针。两年后，八届全国人大四次会议召开，会议上批准了《中华人民共和国国民经济和社会发展"九五"计划和2010年远景目标纲要》，提出了我国教育事业发展的指导性方针政策和"九五"计划教育发展的奋斗目标，并提出了2010年我国教育事业发展的远景目标和总体的高校教育改革思路。1998年3月，朱镕基在九届人大一次会议上宣布了要成立科教领导小组，并加大对科教事业的精力投入。五个月后，九届人大四次会议通过了《中华人民共和国高等教育法》，并从次年1月1日起正式实施。从新中国成立到此时，高等教育工作中通过实践证明的成功经验第一次以法律的形式确定下来。与此同时，国家又对21世纪的高等教育改革和发展指明了方向。

这一阶段的改革特点在于，在"五大体制"改革全面深化的基础上，加大了对管理体制的改革力度，政府与各高校的关系向着和谐稳定的方面发展。这一时期，管理体制的改革很重要，它主要解决了原有经济体制下的"条块分割"，淡化了之前单一的隶属观念。20世纪90年代后，高等教育体制改革在"共建、调整、合作、合并"的八字方针指导下，得以有实质性的进展。1998—1999年，全国各高校都是通过这八字方针政策来进行调整和改革。改革和调整后的高校，是一个结构更加鲜明、布局更加合理、质量效益稳步上升的整体。20世纪90年代以后，党委领导下的校长负责制，也在地方高校中起到了重要的推进作用。改革进行中，各高校实行了聘任制，以及分房制度、医疗制度、内部机构的增减等一系列的改革，使得地方高校最终走出了最初的封闭式管理模式，与社会紧密结合在一起。

第四阶段是从2002年党的十六大召开到现在。这一阶段主要是地方高校行政管理体制改革的全方位深化，推进服务型政府和法治政府的建设。2008年国务院进行了机构改革，并取得了突破性进展。第一方面主要表现在政府职能的转变上，取消或制定职能60余项，对90余项职能进行了不断地完善。第二方面主要表现在行政管理部门的关系上，理顺了各部门的职能并取缔了一些部门，解决了70余项部门职能的交叉问题。第三方面主要表现在各个行政部门的职责得到了明显的强化，强化了近200个部门的责任。第四方面主要表现在各个机构的编制问题得以控制，正部级的干部机构取消了6个，而涉及调整的机构有将近20个。2014年，我国的地方高校行政管理工作已经形成体系，取得了突破性进展，体制问题也得到了完善。国家政府也对各大高校，包括重点、普通、民办等高校都分别设立了具体的政策和措施。

第二节 地方高校行政管理存在的问题

一、地方高校方面

（一）行政管理体制不健全

当前我国地方高校虽强调"去行政化"改革，但在执行层面缺乏统一性。很多高校规章制度的界定较为模糊，新旧制度衔接不畅。在管理层次上，行政人员仍主要采用科层式管理，这种金字塔模式的管理制度，使得行政管理权力集中，分院缺乏管理自主性；在校院两层制中，容易导致管理等级僵化，下级严格服从上级命令，缺乏自主创新性，一些校级适用的政策，在分院管理中不能较好地运用。在部门设置上，行政规划不够明晰，管理机构冗杂，行政管理职责界定较为模糊，部门任务分配不平衡，行政越位、缺位现象仍然存在，一些行政管理机构人浮于事，而另一些机构工作繁忙，疲于应对各种事务；沟通渠道不畅通，协同管理困难，经常出现政出多门、多头领导现象，影响地方高校行政管理工作效率。

（二）行政管理机制不完善

在运行机制方面，受外部环境和内部设置的影响，地方高校行政运行程序烦琐，一项工作经常需要经过多层关卡，反复办理才能完成；部门间缺乏统一透明的办事程序，在工作对接时，常常因为办事要求不同，导致工作运行不畅，影响管理效率，导致高校和学生"一事多跑，经常空跑"。

在动力机制方面，学校在行政人员管理和院系建设方面缺乏有效的竞争机制，部分行政人员存在"铁饭碗"思想，缺乏工作积极性。绩效机制不够健全，考评机制不够完善，考评多为定性标准，评判较为主观化，考核结果难以量化。行政管理人员的聘用机制不够完善，晋升渠道不够畅通，薪酬管理结构不够合理，这些使得行政管理建设动力不足。

在约束机制方面，学校缺乏有效的监督管理机制，监督制度不健全，监督标准不够透明，监督体系不够顺畅，监督执行不够有效，存在形式主义的现象。

在问责机制建设上，问责体系不完善，缺乏事前问责和事中问责机制，经常出现责任界定不清，影响地方高校行政管理工作的实施。

（三）行政管理理念及管理方式滞后

信息时代背景下，地方高校行政管理工作模式变得更加多元化和复杂化，行政管理工作的难度也变得越来越大。为了能够适应行政管理的发展节奏，地方高校行政管理人员除了要提高自身的管理能力，还要积极、主动地学习信息技术，利用信息技术的高效性和即时性来进行各类资源的收集和整理，这样才能够把地方高校的行政管理水平提升到一个新的层次。但实际上仍有部分地方高校的行政管理人员对全新的管理模式和管理理念漠不关心，习惯性地沿用自身的经验来落实行政管理工作，导致管理效果不尽人意。还有一些地方高校的管理人员并不接受新的行政管理模式，甚至产生了抵触情绪，这对地方高校行政管理工作的顺利进行造成了阻碍。

（四）网络信息化建设系统存在漏洞

1. 信息安全存在隐患

部分地方高校信息管理系统使用传统的资料存储方式，学校内部信息以及教师和学生的个人信息存在外泄安全隐患，信息系统还存在被黑客、电脑病毒等攻击的安全问题。

2. 系统设计未结合实际

有的高校将系统开发外包给软件公司，其设计的信息系统缺少对地方高校行政管理特点进行系统调查研究，致使信息系统软件功能与服务对象使用要求、实际工作等匹配度较低；有的信息系统甚至按部就班地套用其他高校信息系统模式和框架，与地方高校本身管理实践迥异。

3. 信息传输受阻碍

有的高校因缺乏统一的行政管理信息平台，校内各部门在信息管理制度上各自独立、分散分割，难以高效协调各业务部门职能运行。同时，还存在各部门信息系统标准不统一、数据一致性差、集成化程度低等现象。此外，还有校外网络访问数据传输慢和各信息系统硬件及软件功能不兼容的问题。

（五）信息技术创新开发应用滞后

1. 人工智能应用方面

自人工智能技术产生以来，其理论和应用技术快速发展，现已在社会许多领域开始运用。如地方高校窗口服务直接面对师生，成为师生重点关注的地方。窗口工作人员如果与服务对象交流时间过长，或一直交流重复内容，就容易产生工作疲惫和焦虑情绪。因此，迫切需要运用人工智能语音机器人作为窗口服务工具，以此来保持温和耐心的服务态度，增加师生良好体验感。部分高校在人工智能应用方面仍略显滞后。

2. 云计算应用方面

云计算通过"云"网络分解计算处理程序，使信息处理结果通过服务器系统返回给用户，实现任务分发、合并计算、分析结果的网络服务功能。在地方高校信息化建设上，因学校各领域信息管理系统各自为政，信息传输共享使用程度低，信息孤岛不同程度存在，这需要应用云计算平台，将各部门数据信息上传，以便随时下载、使用、更新，促进信息共享交换。

3. 大数据应用方面

大数据技术可以对互联网内海量规模的很多类型数据进行快速流转，并对大容量的数据样本进行全面的分析处理。在"互联网+"背景下，随着地方高校快速发展，办学规模不断扩大，地方高校人才教育、学术研究、公共服务、后勤保障等方面工作经过数字化发展后，形成了海量数据，导致传统的信息系统难以承载和高效运作，因此运用大数据信息系统迫在眉睫。

二、行政人员方面

（一）绩效考核效果差

设计合理的绩效考核制度能够提升地方高校行政管理人员工作的积极性。绩效考核工作应该从行政管理人员的业绩、品德、能力、廉洁以及出勤等方面综合评定，并且需要保证绩效考核指标设立科学合理，绩效评价方式有效、公平、公正，但当前地方高校的绩效考核对业绩过于重视，所设置的绩效指标描述笼统，很难量化，导致绩效考核结果偏离实际。在绩效考核评价体系的范围内，绩效考核评价无法体现出教职工的工作强度。地方高校在奖惩、晋升方面的效果不佳，并未做到真正的奖惩分离，表现好的奖励不大，表现差的惩罚力度小甚至没有惩罚，无法实现绩效考核和绩效工资真正结合，对教职工的激励性不强。

（二）人力资源规划不到位

在地方高校行政人员管理方面，存在人力资源规划不到位、岗位职责设计不合理、行政人员招聘不规范的现象。当前，地方高校行政管理人员分配不均匀，人员安排与岗位设置、职责要求不匹配，"忙者更忙，闲者更闲"的问题屡见不鲜，行政人员招聘标准较为宽松，这导致行政管理人员专业素质参差不齐。

在地方高校行政管理人员自身素质建设方面，由于缺少日常的管理培训，行政管理人员专业能力不够，服务意识淡薄；绩效考评制度和薪酬管理制度不够健全，导致行政人员的工作绩效不能合理评定，工资、奖金、福利等也不能按时发放，行政人员自我认同感降低，工作积极性受影响，工作责任意识淡薄。

由于大部分行政管理工作属于事务性工作，具有工作量大、工作压力大、运行程序烦琐复杂、工作耗时长等特点，且行政人员主要是依靠政策规章执行重复而又繁杂的工作，使得行政管理工作缺乏创新性，办事程序僵化，行政人员产生职业倦怠，对未来的职业生涯发展充满不确定性，从而影响行政管理效率。

（三）行政管理人员激励存在问题

1. 薪酬激励分析

马斯洛（Abraham H. Maslow）的需求层次理论认为，薪酬福利是需求层次中最为基础与核心的组成部分之一。学校只有提供能满足期望值的薪资酬劳，才能切实有效地激发职工的工作积极性。然而，地方高校行政管理人员对薪酬激励的满意度偏低，不仅降低了其工作的热情，而且增加了地方高校行政管理队伍的流动性。

（1）薪资酬劳水平低

在竞争激烈的行业背景下，地方高校为了追求低成本运营和高规模效益，向行政管理人员提供的薪资待遇对内缺乏公平性，对外缺少竞争性。在薪资结构中，行政管理人员的基础工资与津贴补助较低，也缺乏与工作贡献挂钩的补充性奖励，难以满足其日益增长的物质需求。

此外，地方高校的收入分配政策更加倾向于教学科研人员，使得行政管理人员与授课教师的薪资差距较大。同时，与同水平的公办或民办高校相比，行政管理人员的薪资待遇偏低且不具备外部竞争力，导致他们产生一定程度的心理落差与不满情绪。在经济收入方面，为避免行政管理人员成为学校中的"弱势群体"，亟须对薪资酬劳水平进行提升，从而匹配行政管理人员的心理预期与劳动付出。

（2）福利缺乏激励性

现阶段，学校提供福利项目的种类较为丰富，主要包括通信费、疗养补贴、节日慰问、生日慰问、餐补、租房补贴、有偿的职工宿舍或公寓、年度健康体检等。但是，行政管理人员对福利项目的满意度处于偏低水平，这表明学校所提供的福利项目缺乏较强的激励性。

究其原因，一是缺乏公平公正。对于公寓申请或者宿舍分配等关注度较高的福利项目，学校一般优先考虑授课教师的需求，导致行政管理人员的基本诉求较晚得到反馈。二是难以满足实际需求。目前，地方高校行政管理人员普遍反映在通勤方面存在不便与困难，希望学校能提供通勤班车等相关的福利，但是个别学校未对通勤问题进行处理与解决，从而无法提升行政管理人员的幸福感与获得感。

2. 成长激励分析

奥尔德弗（Clayton Alderfer）的 ERG（生存、相互关系、成长三个英语单词的首字母）理论表示生存需求、关系需求、成长需求是核心需求，而成长需求则是最高层次，主要体现在个人成长与自我实现等方面。在管理过程中，领导层应重视对高层次需要的满足，防止出现"需求倒退"现象。可是，基于"重教学科研，轻行政管理"的理念，地方高校既不注重行政管理人员的专业能力培训与职务职称晋升，也忽视了行政管理人员在不同性别与年龄方面的需求差异，这在一定程度上阻碍了行政管理人员的个人成长与职业发展。

（1）培训体系不健全

随着地方高校的快速发展，对行政管理人员的能力要求也随之提高，所以提供系统性的培训与进修项目是至关重要的。但是，学校的培训进修体系仍存在一些问题：一是培训机会较少。相较于教师队伍，学校向行政管理人员提供的培训平台与机会都较少，不能满足行政管理人员基本的成长需求。二是报销力度不足。行政管理人员在参加外部培训或者进修学习时，只能按规定比例进行部分报销。如果参加非备案型的培训项目，则无法通过专项培训资金进行报销。三是培训效果不佳。学校一方面只重视岗前培训而忽视在岗培训，另一方面在统筹培训工作时流于形式，未能结合实际情况和岗位特点安排培训项目，无法有效地提升行政管理人员的管理水平和业务能力。

（2）晋升路径不通畅

目前，行政管理人员的晋升方式主要为职务晋升与职称晋升。虽然两种晋升模式可以同时参评、互不干扰，但依旧存在晋升机会较少、晋升机制不完善等问题。在职称晋升方面，行政管理人员需要按照评聘标准取得相关的科研成果，比如发表核心论文、出版专著或教材、拥有知识产权等，由于工作事务繁重、评聘指标有限、难度系数较大，部分行政管理人员在职称评定上存在困难。在职务晋升方面，由于晋升职位的稀缺、晋升制度的滞后、晋升通道的局限，逐渐形成了论资排辈、恶性竞争、缺失公正等不良风气。长此以往，不仅让行政管理人员对职业生涯发展失去信心，还加剧了管理型人才不断流失的局势。

3. 成就激励分析

赫茨伯格（Frederick Herzberg）的双因素理论认为，成就感、组织赞赏、挑战性等激励因素会激发职员的工作热情与满意度。但是，学校注重行政管理人员的物质激励，轻视荣誉表彰等精神激励，没有关注到不同年龄段对成就激励的差异化需求，这导致部分激励措施没有发挥效果。

（1）荣誉缺乏针对性

在奖项设置方面，符合行政管理人员参选的评先奖优项目较少，其中针对行政管理人员设置的荣誉项目只有先进党务工作者、管理服务标兵等奖项。由此可见，荣誉表彰评选的内容与数量都较为单一、覆盖面较为狭窄、评选对象未进行细分，使许多行政管理人员未能感受到荣誉表彰赋予的情感鼓励与精神激励。在荣誉奖励方面，学校主要通过颁发荣誉证书等方式授予表彰而缺乏相应的物质性奖励，使得荣誉激励逐渐失去吸引力与号召力。

（2）表彰形式较单一

长期以来，地方高校每年开展一次全校性的评先奖优活动，其主要在教职工会议或总结大会上表彰先进楷模、颁发荣誉证书或荣誉奖杯，整个授予仪式较为传统与简易，后续也未开展相关宣传和人物推广等活动，这未能体现出获奖者的职业声望和个人价值，更无法产生良好的激励效应与示范作用。所以，地方高校需要根据行政管理人员的精神需求与职业特点进行改进，以更加新颖或创新的方式来提升行政管理人员的成就感与荣誉感。

4. 环境激励分析

根据赫茨伯格的双因素理论可知，如果工作条件、人际关系、公司政策与行政管理等保健因素得不到满足，就会导致员工产生不满情绪。在环境激励方面，学校为行政管理人员提供良好的办公环境与办公条件，却忽视组织内部的人文关怀与沟通机制。

（1）人文关怀不受注视

地方高校在发展的过程中会形成独特的工作氛围与校园文化，让教职工能充分地感受到人文关怀，包括真诚信任、互帮互助、团结友爱、公平公正、心理抚慰与情感依靠。但实际情况是，学校简单地把行政管理人员看成"经济人"和"服务者"，过分地注重工作效率及工作成果，忽视了其"社会人"属性中渴望关爱与温暖的诉求。

另外，地方高校"以人为本"的管理理念不强，未能从人本主义的角度进行换位思考，不够重视人文关怀与情感交流，从而减弱了行政管理人员对学校的信任感与归属感。因此，学校亟须加强人文环境建设，从而形成强大的组织内部凝聚力。

（2）沟通机制不完善

在日常工作中，沟通反馈制度能够及时地了解行政管理人员的真实想法与诉求，为学校解决问题与科学决策提供良好的参考依据。然而，部分地方高校的行政管理人员与中高层领导之间存在沟通障碍，未能形成"双向沟通""舆情反馈""共同协商""信息传递"的参与式与开放式工作氛围。

此外，地方高校没有积极落实相应的沟通反馈机制，在一定程度上剥夺了行政管理人员表达观点的权利。长此以往，既不利于培养行政管理人员的使命感与责任心，也无法保障管理决策的科学性与全面性。

（四）行政管理队伍素质参差不齐

虽然地方高校行政管理人员人事管理已经形成较为完整的体系，但在人才队伍建设中，缺乏有能力、有胆识、有经验的行政管理人才。当前，行政管理人员专业管理知识的储备不够充足，只是凭借以往的工作经验行事，在行使上传下达职责时，不能高效准确地传达学校政策，导致行政事务重复执行，增加工作成本，影响工作效率；部分行政管理人员缺乏大局观，对行政组织长远建设缺乏科学规划，不能高效地促进行政组织间的协同办公，影响地方高校行政管理建设的发展。在工作态度方面，行政人员工作时间长、压力大、工作任务烦琐，职业规划不明晰，导致其责任意识淡薄、消极怠工、迟到早退、相互推诿的现象时有发生；部分行政管理人员服务意识不高，存在官本位思想，对办事人员论资排辈，不能对师生的学习工作提供良好的服务；在日常工作中，还存在创新意识缺乏的现象，不能灵活处理行政管理事务，影响了地方高校行政管理的建设发展。

（五）专业化教育培训制度不完善

地方高校在行政管理人员培训方面略有欠缺，一方面学校领导不够重视，另一方面有些部门行政管理人员事务繁杂、身兼数职，在时间上无法参与培训。另外，相应的培训体系不够完善，导致行政管理人员不能系统地针对自己所承担相应工作接受培训，阻碍了行政管理人员能力的提升。

地方政府可以根据自己行政区域范围内高校的发展情况、区域内经济的发展情况、各高校总体的发展趋势等相应地定期或不定期地组织一些相关系统培训或交流会，让各地方高校相互交流，从交流中寻找自身出现问题的原因，汲取好的理念和经验，为更好地发展打下基础。

（六）行政工作和教学工作间存在冲突

教育科研工作是高校建设之本，行政管理工作是高校建设之基，两者相辅相成，共同促进地方高校的发展。但行政工作和教学工作之间偶有冲突，具体表现为行政人员和教研人员之间的冲突，其逐渐成为行政权力和学术权力之间的博弈。

行政管理人员在掌握学校资源的情况下，存在滥用权力以及利用职务之便进行权力寻租现象，导致学校资源不能很好地为教研人员提供服务。而教研人员对具体的高校行政管理不够了解，对行政管理人员不够信任，使得行政人员的工作不能得到教研人员的有效配合。两者间的矛盾不断升级，增加了地方高校行政管理的办事成本，削弱了双方的工作积极性，不利于教师教学科研成果的创造和行政管理工作的开展，从而影响高校的工作环境。

第三节 地方高校行政管理效率的影响因素

一、体制因素

影响地方高校行政服务能力提升的体制因素，主要有办学体制和高校内部管理体制两大因素。地方高校往往历经府管校办、政校合一的过程，逐渐才有了治理的雏形，以政府为主导，学校、市场和社会参与的管理格局，普遍成为具有中国特色的内部治理模式。然而这种政府宏观管理，极易导致在办学实践中产生权力配置的失衡失范，教育性、协调性、服务性体现不够的问题。地方高校虽然具有一定的办学自主权，但在落实办学自主权的实践上不积极。高校办学自主权的有限性导致其行政服务个性和创造性的缺失。可见，提升地方高校行政服务能力，提高大学治理效能还有很长的道路要走。

在高校内部管理体制中，行政管理体制就其一般内容来说，包括行政权力的划分、行政机构的设置以及为保证行政管理顺利进行所制定的各项规章制度和法律程序。机构设置是否合理，各部门之间职能是否有效发挥、有机协调配合都直接决定着地方高校的行政服务能力。目前，地方高校行政管理体制存在体制僵化，未能处理好行政权力与学术权力的关系、机构设置与功能的关系、行政人员与管理创新的关系，泛行政化倾向、管理效率不高、办学活力缺乏等问题，这成了影响和阻碍地方高校行政服务能力提升的重要原因。

我们应当清醒地意识到目前的体制在构建和实际运行中存在着一些缺陷和问题，正是这种体制的缺陷和问题，导致现在部分地方高校行政服务能力较低。首先，当前的职能转变还不到位，存在着很多问题，相关部门干预力度过大，限制了地方高校的内部管理。其次，地方高校的民主体制不够完善，在一定的程度上抑制了高校行政人员积极性。最后，管理体制受行政化的影响，管理制度僵化，管理人员缺乏创新，工作积极性不高，导致高校缺乏活力。

二、机制因素

地方高校行政服务除传统的自上而下的行政管理外，更体现在一个制度的建设及其形成的过程。当前的高校对行政服务能力认识往往停留在制度、规范、标准等被"规定性"的层面上。高校管理机制是高校内部的运作机制，是高校系统运行的各构成要素相互联系，相互作用的手段、方式及原理，是保证学校内部主要工作目标有效运作的基本程序和手段。随着我国高等教育的改革和发展，地方高校行政管理内部机制的建设和运行中存在的问题逐渐暴露出来。

首先，行政层级结构不合理，有待优化和健全。其次，等级组织结构不合理，高校内部运行机制的机构协调性不强。最后，分类指导、公平有效的激励机制和监督机制不完善。行政管理内部机制不够完善是影响现代地方高校行政服务能力提升的制约因素。高校对行政管理的重视程度不够、行政管理机制不够健全是现阶段部分高校的基本情况，但必须看到，地方高校内部管理机制的健全并不是一朝一夕的事情，而是需要完成许多基础性的工作。有一些高校的行政管理部门尽管建立了较为完善的机制，但是由于行政管理的计划与统筹性不强，缺乏重点事项通报，工作浮于表面，缺乏有效跟踪问责，从而导致机制较为薄弱，机制的作用不能进一步发挥。

地方高校缺失提升行政服务能力的机制。这个机制包含激励机制、保障机制等。目前，地方高校教职工普遍实行年度考核制度，但多数高校的绩效考核往往流于形式、考核指标空泛模糊、考核最终结果苍白无力，这使部分人对绩效考核本身存在的价值产生了怀疑。考核制度起不到应有的激励作用，甚至也没有相关的规章制度来激励行政服务能力的提升。对于行政服务能力提升的保障机制亦是如此。没有约束的激励与保障是难以构成有效的激励与保障的，要么激励不足，要么缺乏应有保障，未能打破扁平化管理，工作不到位或难以合理量化，最终影响执行效果。总而言之，行政服务能力提升的机制不够完善，严重影响了地方高校行政服务能力的进一步提升。

三、观念因素

从文化治理视角审视公共文化服务，其正处于由传统体制下国家一元供给、管办合一、高度集中的文化管理模式向市场经济背景下国家、市场、社会多元主体共治模式的渐进转型之中。地方高校作为积极构建公共文化服务体系的重要组成部分，同样需要保障师生的需求，提升服务效能和服务水平。

随着时代发展和社会环境变化，师生对服务的要求越来越多样化，对行政服务有更高需求。行政管理人员履行工作职责需要通过"服务"来实现，具体可表现为充分尊重和吸纳师生需求，将更多精力集中在服务教学发展上，强化行政责任意识，追求服务质量的理念。

治理观念还未转变、现代行政服务的文化自觉尚未形成是制约高校行政服务能力提升的主要因素。一方面，行政管理人员没有树立"管理就是服务"的意识，服务精神相对不足，没有意识到"工作无小事，事事皆大事"、服务时时存在于工作中，由此阻碍了高校行政服务意识的形成。另一方面，缺乏为顺应时代需求而树立起为师生服务的意识，也没有与时俱进地依靠现代化的通信设施和网络平台来增强现代服务精神。

此外，行政管理人员无法准确地定义服务的范围。在转变职能的过程中，行政管理人员作为主体，必须坚持依法治校和行使程序性权力，遵循相应的规章制度。如果缺乏开展创造性工作的自主权，就会无法激发服务的热情，影响解决实际问题的有效性。

基于文化治理多元化特点，除行政服务主体外，还需要将师生、社会组织及第三方等都纳入文化治理的主体，而不是认为教师的主要任务只是教学和科研。

四、管理因素

（一）资金管理因素

1. 资金预算管理有待加强

（1）资金预算编制有待加强

当前地方高校资金预算编制的主要问题在于预算编制方法不够合理。部分高校利用增量预算方法编制资金预算，虽然该方法能够提升效率，但是仍然存在明显的不足，比如，预算参考数据涉及的历史数据中不合理的部分可能会继续保留，从而导致预算不够严谨。同时，地方高校财务部门与其他部门或机构之间缺乏有效沟通，对相关部门或机构的实际情况了解不充分，从而导致预算编制区分度不够。

（2）资金预算执行有待加强

地方高校资金预算执行过程中存在两个典型的问题：一是反馈机制不健全，很多部门在预算执行过程中未能及时将相关信息和数据进行反馈，影响了地方高校管理层的决策效率；二是分析机制不完善，没有针对预算执行情况进行系统分析，导致很多问题察觉不及时。

（3）资金预算监督有待加强

有效的预算管理还需要借助监督机制进行保障，但是，现阶段有些高校构建完善的预算监督机制不足，使得预算编制和执行环节暴露出很多问题。特别是预算执行阶段，部分高校对资金使用用途随意更改，影响了资金管理的效果。同时，未明确界定资金预算监督的内容和范畴，导致资金浪费或流失。

2. 资金管理制度有待完善

（1）地方高校有关资金管理制度的规划设计有待完善

现阶段，很多高校资金管理的重心基本都集中在资金安全方面，其对资金的管理有时候会显得比较僵化。由于地方高校资金的类型不同，且具有不同的特征，如果对所有资金类型都采用统一的管理制度，或者在确定资金管理制度时没有突出其重点，那么势必会降低资金管理的效率。部分高校虽然构建了资金管理制度，但是其流程比较烦琐，管理的关键点与风险点分析不到位，导致资金审批不够及时或出现失误，原先所规划和设计的资金管理内容难以发挥其作用，影响了地方高校资金管理的效果。

（2）地方高校资金使用率和资金管理水平有待提升

具体来说，一是地方高校各部门或单位之间缺乏有效的沟通，使得涉及固定资产的购置出现重复；二是地方高校相关部门对自身的资产需求没有科学分析和规定，存在大量购置固定资产的情况，尤其是办公器材的频繁购买现象比较普遍；三是地方高校对资金管理方法的应用缺乏科学判断，往往是围绕收支管理而展开，而在现金流量以及应收账款等方面的管理存在不足，涉及资金预测和监督的内容不够清晰，这些都会影响资金周转的效率。另外，有些地方高校在推进资金管理工作时，仍然以事后管理为主，没有体现资金管理的全过程管理思想，使得资金使用率不高。

3. 内部控制制度有待改进

（1）地方高校内部控制制度不够完善

随着办学规模的逐渐扩大，地方高校内部控制制度也在逐渐构建，但其中还是暴露了一些问题。虽然地方高校构建了资金管理制度，但是其管理机制还有待改进，尤其是内部控制流程以及与之匹配的其他制度都没有相应构建，使得资金管理制度流于形式，随意性比较明显，导致资金使用效率的下降。同时，地方高校虽然进一步明确了内部控制的范围，但不论是管理层还是普通教职工，他们对内部控制制度的重视程度还有待提升，尤其是制度的执行力偏弱，内部控制机制还没有完善，使得内部控制工作效果不佳。

（2）地方高校内部控制制度资金管理不足

现阶段，虽然很多高校已经构建了内部控制制度，也相继取得了一些成效，但是在资金管理方面，内部控制制度的约束力还有待加强。具体来说，有些高校设置的资金管理岗位的合理性有所欠缺，尤其是关键岗位未能符合不同岗位相互分离的基本原则，这直接影响了资金管理的效果。另外，随着地方高校规模的不断扩大，涉及资金管理方面的工作难度也在增加，如果没有健全的内部控制制度进行管理，那么学校内部就有可能会引发腐败行为或法律风险，进而影响地方高校的健康发展。

4. 资金风险管控有待优化

（1）地方高校资金管理风险依旧存在

现阶段，部分高校内部资金管理风险还是存在的，且难以从根本上予以解决。具体表现在：一是地方高校风险防范机制有待改进。高校内部风险管理制度缺乏对资金管理的有效约束。二是地方高校资金结算和支付方式有待改进。部分高校仍然采用传统的现金支付方式，其容易引发资金风险。三是地方高校缺乏有效的资金管理监督，尤其是内部审计部门的监督职能未能有效得以体现。

（2）地方高校缺乏有效的资金风险评估机制

从当前的情况来看，部分高校常规经营管理活动中，所涉及的风险防范和管控缺乏有效的风险评估机制。例如，资金在存储和划拨过程中可能产生的风险、电子发票重复报销方面存在的风险、资金管理人员所衍生出来的道德风险等，这些都充分表明地方高校需要构建有效的资金风险评估机制。

（二）目标管理因素

1. 目标管理的概念

早在 20 世纪中叶，美国著名的管理学家彼得·德鲁克（Peter F. Drucker）就提出了目标管理，其对目标管理的界定是，在组织体系中，各层级的人员共同探讨组织体系的整体目标，随后将整体目标细分到各个层级，在此过程中，组织体系开展管理工作是始终围绕目标进行的，对各层级完成目标的实际情况予以跟进和评价，并以此为依据对员工实施激励或惩处，使组织体系各层级员工进行自我约束、自我控制，并达到自我管理，具体如图 2-1 所示。在彼得看来，开展任何工作必须基于目标来进行，将目标作为工作的指挥棒，因此，需要制定组织的整体目标并将其细分为不同的个人目标。

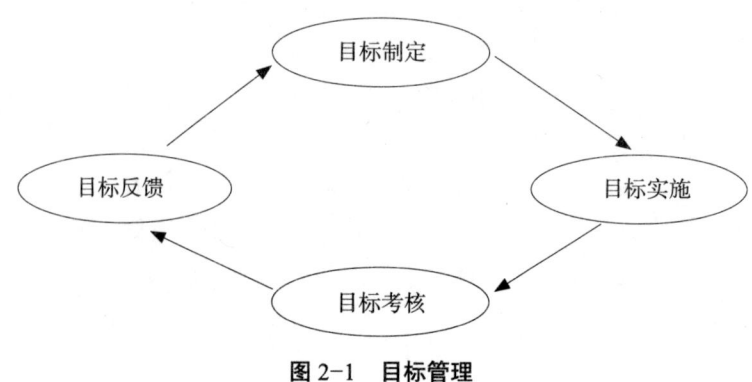

图 2-1　目标管理

随着对目标管理研究的逐步深入，越来越多的学者对其概念给予了不同的界定。有学者认为，目标管理就是在确定目标的情况下，为达到既定目标而采取相应的措施，这需要组织体系针对目标实施系统化的管理活动。也有学者认为，目标管理就是以组织体系的总体目标为核心，并利用系统方法构建分层的目标体系，采用分权调动被管理者的能动性，使其有效地完成个人目标并最终推动组织目标的达成。还有学者认为，可以将目标管理视为现代化的企业管理制度或管理方法，即组织体系的管理人员以及基层员工共同参与制定组织目标，在完成各自的个人目标时进行自我控制。

2. 目标管理的理论基础

地方高校在实施目标管理的过程中，需要将相应的理论作为依据，如此才能有序推动地方高校目标管理的深化实践和进一步优化。

（1）整合管理理论

现代管理学之父彼得·德鲁克提出了"整合管理"。该理论认为，企业的发展需要从整体化角度设定目标，然后将整体目标细分为不同模块，例如，在市场环境中的地位、技术创新水平、生产能力、获利能力、组织决策者的决策能力和领导能力、各层级员工的工作能力和工作态度、社会责任等。该理论提出，企业整体目标以及各类细化目标的达成，离不开企业高层的合理化、科学化管理。在具体实践中，企业的运营管理效率需要从整体性目标达成的情况来衡量。企业各部门及岗位的工作要根据整体性目标来制定，其达成的工作成果就是对企业整体目标的实现所做的贡献。企业管理人员需要从客观角度对各部门及岗位人员达成目标的情况进行评价。基于"整合管理"理论，地方高校目标管理要结合自身的办学定位、办学特色以及发展需求，从整体性角度出发，将整体目标进行细分，具体可分为人才培养、科研等目标。在确定整体目标以及分解目标后，高校的职能部门、直属机关等还需要对各部门或个人目标的完成进度和执行情况进行持续化和动态化的跟进。同时，还需要增强不同部门之间的信息沟通与反馈，并对高校现有的各项资源予以优化配置，促使地方高校目标管理能从整体层面对目标达成的成果予以衡量，最终实现地方高校的目标。

（2）人性理论

自古以来，有关人性的理论成果尤为丰富。在西方国家，人性假说主要包含以下几种：一是 X 理论；二是社会假说；三是 Y 理论；四是超 Y 理论。目标管理侧重于强调人的自主性。因此，地方高校目标管理的人性理论主要为 Y

理论。该理论由美国著名的行为科学家道格拉斯·麦格雷戈（Douglas M. McGregor）在 20 世纪 50 年代后期提出，Y 理论认为，人们在工作中必然要消耗体力和精力，对大多数人而言，其对工作的态度是积极乐观的，且在工作中能寻找到自身的价值并体验到快乐。但是，人在完成工作目标时，可能存在一些干扰其工作目标达成的不利影响因素，因此，为了更好地完成目标，人们在责任感与使命感的驱使下，主动担当，并通过加强自我管理与自我控制，促使工作目标得以实现。组织目标是组织体系的整体目标，需要组织内的各成员共同努力，因为仅仅依靠个人的力量是无法达成目标的。人们在完成工作目标的过程中，外部驱动力和内部驱动力促使其目标得以有序完成，其中，外部驱动力包含趋利和驱害两部分，而内部驱动力则涉及情感共鸣和自我认同。因此，人们除追求与实际付出相匹配的报酬外，对更高层次的需求也较为重视，毕竟人的创造能力是无限的。正是基于以上假设，组织体系的管理人员在进行目标管理时，应有意识地为组织成员营造勇于担当的工作氛围，并通过适当的激励手段激发人性的潜能。综合来看，Y 理论强调的就是以人为本，重视对人的管理。

地方高校在实施目标管理的过程中，理应综合考量"人"的属性，因此，有必要将人性理论作为实施目标管理的前提条件。在地方高校，其教职工大多具备较高的文化水平，其世界观、人生观以及价值观处于良好状态。地方高校对目标管理予以优化，应侧重于关注广大教职工更高层次的需求。

为此，地方高校在制定组织目标并将组织目标进行细分时，以及在目标实施的不同环节中均需要将教职工的个体思想考虑其中，做到目标管理在尊重教职工"人性"的前提下而开展，促使教职工的内在潜能得以激发，并使其在实际工作中积极发挥创造力。

（3）成果管理理论

成果管理理论认为，在实行目标管理的过程中，组织成员共同分担组织成果。因为组织目标并非个人仅靠一己之力即可达成，所以需要各组织成员对组织体系的长期目标予以充分认识，进而为组织赢得更大的效益空间。还有必要在组织体系中营造良好的工作氛围，提升组织成员的责任感和目标感，并使其认识到组织目标需要在众人共同合作的情况下才能最终达成。

另外，当组织成员处于良好人际关系氛围中时，此环境对激发组织成员在完成个人目标及组织目标时的创造力和潜能有助益。显然，不同层级的组织成员均朝着自身的目标而努力工作，更有助于组织目标的完成，目标管理的积极效用也能得到进一步发挥。

地方高校在开展目标管理工作时，有必要引入成果管理理论，让教职工认识到成果分担的重要性和必要性，通过加强教职工队伍建设，提升教职工的能力，促使其得到进一步发展。同时，要在学校内部营造协同合作、共同进步、相互学习和良性竞争的工作氛围，促使教职工积极发挥自身的创造力和内在潜能，推动个人目标、部门目标乃至组织目标的实现。

3. 地方高校目标管理存在的问题

（1）目标管理理论与行政管理制度之间配合有限

科学完善的行政管理工作制度是提高地方高校行政管理工作质量的重要途径之一。但在实际的行政管理工作中，部分高校的行政管理制度建设尚不完善，行政管理制度与目标管理理论配合程度较低，影响了行政管理工作的开展。

首先，部分地方高校自身的行政管理方式与目标管理理论存在一定的出入。部分地方高校虽然制定了较为科学合理的工作目标，但实际的工作步骤与工作目标匹配度较低，实际行政管理工作目标难以实现。

其次，地方高校现有的行政管理目标在划分上还存在一定的不足。部分地方高校错误预估了本校行政管理工作人员的实际工作能力，导致相关工作任务并未得到充分落实，影响了行政管理工作的整体推进。

最后，地方高校自身行政管理章程未能及时修订、完善，行政管理工作的开展依旧按照原有的行政管理章程进行，导致行政管理工作质量不高，不利于实际行政管理工作水平的提升。

（2）目标管理理论在行政管理工作考核体系中未能得到有效运用

地方高校行政管理工作的开展还需要将本校现有的考核体系与目标管理理论进行融合，从而对行政管理工作进行更加全面的指导。但部分地方高校现有的行政管理工作考核体系还有待进一步完善。

首先，目标管理理论与行政管理考核评价体系衔接不紧密，相关目标管理理论的关键点并未得到有效落实，影响了评价管理体系的完善和评价管理工作科学性及准确性的提升。

其次，部分高校现有的行政管理评价指标过于单一，对于象征性管理工作目标的制定、落实等方面的关注度有限，不能及时发现行政管理工作中存在的问题，不利于行政管理措施的贯彻落实。

最后，部分地方高校没有根据行政管理工作类型与目标的差异进行针对性的评价，行政管理工作评价方式较为单一，导致行政管理工作的推进受到影响。

（三）教学管理因素

1. 教学管理的行政权力和学术权力不均衡

目前，部分地方高校存在教学管理行政权力过大而学术权力较小的情况，这种传统的教学管理模式对学术事务的干涉过多，导致行政人员与学术人员产生冲突和矛盾，并且将管理重点放在学生行为、教学活动规范化方面，不利于开展学术创新和学术研究活动，在一定程度上影响了教学质量的提高。

2. 教学管理理念有待更新

地方高校在开展教学管理工作过程中，管理理念发挥着核心引导作用，随着教学形势的不断发展，传统的教学管理理念不适应时代发展需要。一些地方高校对于教学管理工作缺乏正确的认知，没有基于整体角度全面规划教学管理工作，片面认为师生是影响教学质量的原因，并未设置针对性较强的教学管理部门，且现有管理部门的管理能力、学术基础也有所欠缺，这影响了教学改革工作的深入开展。当前处于信息化时代，互联网技术未能有效运用到一些高校的教学管理领域中。因此，地方高校教学管理者需要转变和更新教学管理理念，提高管理效率。

3. 教学管理工作团队能力不强

教学管理工作团队作为开展和落实教学管理工作的主体，其专业能力极为关键，但是一些高校的教学管理工作者配备不足、管理人员的任务量较大，偶尔会出现一位教学管理人员肩负多项工作任务的情况，这在一定程度上会降低教学管理工作质量。地方高校大多数教学管理人员并未经过专业化培训就上岗，不仅缺少专业基础知识，还缺乏丰富工作经验，只能按照特定模板开展教学管理工作，无法结合实际状况调整管理策略。

4. 教学管理方式不够多样化

部分地方高校开展教学管理工作未采用科学、合理的方式，无法保障教学管理工作质量。一些地方高校也没有设定明确的教学管理目标，在实际管理过程中所采用的教学管理方式相对单一，未结合管理内容将不同的教学管理方式进行整合，没有发挥多种教学管理方式的优势，这阻碍了教学管理工作的有效开展。

（四）学生管理因素

1. 管理目标不明确

地方高校在开展学生管理工作时，首先应制定学生管理目标，只有管理目标清晰，才能真正使学生管理工作发挥作用。当前部分地方高校的学生管理缺乏设置管理目标的意识，造成学生管理工作无法收到理想效果。在地方高校学生管理工作的开展过程中，部分高校辅导员忽视了思政建设对学生管理工作产生的影响，开展的强化学生思想政治建设相关工作较少。也有部分高校辅导员在学生管理工作中未按照学生管理需求设置学生管理目标，造成学生管理工作无法有效开展，影响了地方高校学生管理工作的开展效果。

2. 管理方法不完善

好的管理方法是开展学生管理工作的关键，因此地方高校在学生管理工作中应及时优化管理方法，提高管理方法的实效性。部分高校相关管理部门借助思政建设开展学生管理工作的意识不强，在开展学生管理工作时往往采用单一的管理方法，不利于高校学生管理。部分高校辅导员队伍年轻化，在学生群体中的威信较低，对强化学生思想政治建设难以起到促进作用。

3. 管理缺乏针对性

地方高校学生管理工作应针对学生群体中容易出现的问题不断进行调整。如大学校园出现的网络诈骗、非法校园贷等，极易危害学生心理健康，影响学生成长和发展。部分高校在开展学生管理工作时没有与学生进行有效互动，导致高校学生管理工作未结合学生实际需求与学生自我管理薄弱的部分，高校学生管理工作出现重点模糊、内容偏离实际等问题。这些问题出现的根本原因在于高校缺乏对学生的了解，没有将思政建设与学生管理工作融入学生日常学习生活中，无法激发学生主动参与学生管理工作的热情，导致思政教育工作未真正落到实处。

同时，我国地方高校的规章制度还有值得完善之处，比如说，有些规章制度的规定很不灵活，对于学生的考勤并不能遵照规章制度的要求来严格执行，对一些违规违纪的问题却没有根据规章制度的要求来处理，甚至有些规章制度本身的制定就存在一些不合理的因素，制度的缺陷导致学生管理问题的出现。另外，管理学生的手段未能与时俱进，对学生的管理甚至还停留在检查、批评、处分的阶段，按照"管、控、压"的方式对待学生，导致学生管理工作难以有效开展。

（五）人事管理因素

1. 地方高校人事管理工作的制度不够科学、规范

如今，互联网信息技术快速发展，地方高校人事管理工作理应顺应互联网大数据时代的发展趋势，进一步完善地方高校人事管理工作的相关内容。然而，一部分高校没有意识到人事管理工作方面的制度规划问题，地方高校人事管理工作的制度依然存在漏洞，不规范、不科学、不合理、不完善等问题比较突出。如果地方高校人事管理工作在制度方面存在着很多的问题，那么其制度建设也就无从谈起。另外，一部分地方高校人事管理工作制度的改进仅仅是在原有的管理制度之上进行"小修小补"，并没有在制度的根本内容之上做出细致调整。地方高校人事管理工作的相关制度也存在不符合实际情况的问题，与此同时，地方高校人事管理工作的相关规章制度也没有涉及互联网信息技术方面的内容。

2. 地方高校人事管理工作人员的整体素质不高

地方高校人事管理工作人员的自身素质问题以及工作能力问题也比较突出，这主要是因为一部分地方高校人事管理工作人员依然固守传统的工作理念以及工作方法，从而导致工作效率不高。虽然传统的地方高校人事管理工作理念与相关的工作方法依然有其存在的意义和价值，但是其已经不能适应互联网信息技术的发展趋势。

一般情况下，地方高校人事管理工作人员由专职人员担任，但在专职人员之中也存在着工作能力以及工作态度之间的差异。即便是专职人员也有可能难以处理好相关的人事管理问题，更何况不同的高校还面临着不同的人事管理工作要求。高校人事管理工作的具体内容不同，所对应的管理方法以及工作方法也不同，这就需要人事管理工作人员可以灵活巧妙地采取不同的管理方法来解决不同的管理问题，但是，地方高校人事管理工作人员无法灵活地解决相关问题。除此之外，地方高校人事管理工作人员的整体工作效率不高，一部分高校人事管理工作人员存在"浑水摸鱼"或者"消极怠工"等情况。

3. 地方高校人事管理工作的数据库尚未实现规范建立

地方高校人事管理工作需要将相应的工作数据作为技术支撑和信息支撑。

调查研究发现，如今有一部分高校人事管理工作的数据处理过程比较混乱，各种类型的工作数据混合在一起，难以及时进行查找。与此同时，高校人事管理工作的数据库尚未实现规范建立，从而导致地方高校人事管理工作在收集、处理、整合、分析、查找、更新数据的过程中出现各种各样的问题。高校人事管理工作的各种数据需要进行深层次的加工处理，并且地方高校人事管理工作相关数据的加工处理也非常重要，然而一部分高校人事管理工作人员并没有将各种工作数据进行深层次的加工与处理，仅仅是将数据分类之后便投入使用。除此之外，虽然互联网信息技术的发展为地方高校人事管理工作的数据存储提供了电子"数据库"，但是没有多少重要数据被保存在电子数据库之中，地方高校人事管理工作数据被篡改、丢失等问题依然存在。

地方高校的组织管理者在一定程度上只重视工作任务的完成而轻视行政管理人员的个人需要，行政管理人员的精神关注成为管理者的一个盲区。另外，高校在政策导向、职务评聘、津贴分配、进修深造、激励机制等方面都向教学倾斜，行政管理人员很难得到"厚爱"。在提拔任用上缺乏必要的公信度，在实际操作中不公平的现象时有发生，个别兢兢业业、埋头苦干的人得不到提拔重用，而一些工作不脚踏实地的人却"步步高升"。这些做法，人为地给行政管理人员制造不公，影响了积极性。另外，人员淘汰机制不能够市场化，无法辞退不能胜任岗位要求的员工，因为这些人员当初进入高校时可能就是一种行政行为，这给人员淘汰机制市场化的推行带来了障碍。

五、动力因素

地方高校行政服务缺乏促进能力提升的动力。地方高校行政服务能力提升的动力因素来自外部和内部。

外部动力因素主要包括两个方面。第一，经济因素，经济是行政服务的基础，行政服务必须适应经济基础，当经济基础发生变化时，行政服务必须做出相应的变化以及调整。不管经济基础是向好的方向还是向坏的方向变化，行政服务的调整都是有必要的。第二，政治因素，行政服务是政治服务的一部分，行政的本质是为了维护政治，政治的任何变化都会引起行政相应的调整与变化。因此，政治是行政服务发展的主要外部动力。

内部动力因素包括自主创新能力和行政组织，只有拥有创新能力，才能谋求变革，掌握主动。行政组织内部存在着对组织扩张的利益诉求，这种利益诉求的驱动可以促进行政服务能力的提升。

地方高校行政服务的动力源于学校发展的需要。新时期教育的发展与进步对地方高校行政服务能力有着启迪和借鉴作用，提升服务能力将为地方高校实现发展目标创造良好的环境。地方高校行政服务的动力依赖于科学决策、组织结构和文化建设等诸多因素。

六、主体因素

地方高校行政人员是开展服务工作的主体，其服务水平与高校行政服务质量密切相关。行政人员应该具备较高的综合素质，如果地方高校的行政人员素质不高，其服务能力也就无从谈起，素质不高的行政人员的相关服务工作，会由于目标、措施、责任的混乱而缺乏可操作性。素质不高的行政人员也往往缺乏独到的见解和创新精神，遇到阻碍时犹豫不决，或者没有原则地做出改变，使工作失去严肃性。素质不高的行政人员往往不敢承担责任，而敢于承担责任的高素质行政人员较少。素质不高的行政人员服务不到位、工作不落实，只能失去师生的信任，导致师生对其服务的不满。素质不高的行政人员，通常缺乏创新意识和进取意识。此外，素质不高的行政人员容易实行自由主义，从而导致工作职责不清，功过是非不明。

七、资源因素

行政服务中服务能力作用发挥的好坏，与行政人员对资源的挖掘与整合密切相关。地方高校的资源一般包括有形资源和无形资源两类，前者包含经费资源、物力资源，后者包含信息资源、影响力资源等。资源对地方高校行政服务能力的提升有着重要的作用，但目前地方高校存在资源不足和资源配置不合理的问题。地方高校的资源配置由行政系统来实施，在行政服务的过程中，如果缺乏必要的可用于服务的资源，服务效果将难以达到预期的目标。地方高校行政管理工作应当将自身的重点放在合理配置高校的各项资源上，保障学校各个系统的正常运行，从而确保地方高校教学和科研工作的顺利进行。

第三章 地方高校行政管理的内涵

地方高校行政管理工作的有效开展是高校管理工作的核心内容。地方高校行政管理能力影响各项事务的运行效果，只有针对性地制定完善行政管理体制和管理策略，才能协调地方高校各项工作的有效开展，促进地方高校行政管理健康发展。本章分为地方高校行政管理的对象、地方高校行政管理的内容、地方高校行政管理的职能、地方高校行政管理的运行机制、地方高校行政管理的执行体系五个部分。主要包括地方高校行政管理的宏观和微观对象，地方高校行政管理的教学、科研、人事、财务行政管理，地方高校行政管理的主要职能及其作用等内容。

第一节 地方高校行政管理的对象

一、宏观对象

从宏观层面来看，地方高校行政管理的对象是高校。高校是培养人才的地方，是教师进行教育教学活动和科研活动的场所，是向社会提供服务的公共文化组织，承担着传承文化的重任。高校的发展与进步，对我国经济、政治、文化和社会的发展有着巨大的推动作用。高校的发展程度如何，与高校管理水平的高低有着直接的关系。

高校是社会发展的产物，同时也是人类不断进步的产物。地方高校随着自身的发展，不但为地方经济发展服务，而且为人类自身素质的提高和进步服务。当明确了这个目标以后，地方高校的行政管理也有了实质性的转变，即从强制性到服务性的转变。

社会需要不断进步，人类需要不断前进，这些都离不开高校的发展，尤其是地方高校的发展。高校给人类发展带来教育和指引，地方高校为我国地方经济和政治的进步发挥了促进作用。地方高校的行政管理能够提高学校的教学质量，帮助学校实现教育目标。我国高校为社会的不断进步和发展提供服务，但它不应只成为社会和经济政治发展的附属品，还应该为自身的发展提供服务，只有从自身的角度出发去思考自己的属性和服务性，做出正确的判断，才能充分发挥其职能，实现自身的发展，然后带动社会和政治经济的发展。

当前我国地方高校发展迅速，高等教育越来越普及，必定会对地方高校的管理提出要求。做好地方高校行政管理、教学教育管理，提升地方高校办学质量，是摆在地方高校管理者面前的一个重大问题，也是地方高校改革发展急需解决的重点问题。

党的十九大以来，随着我国教育体制机制改革的不断深化，中国特色社会主义教育体制机制也随之不断完善。构建与完善政府依法宏观管理、学校依法自主办学、社会有序参与、各方合理推进的格局，是我国新时代教育体制机制改革的主要任务。立德树人是党的十九大报告中关于教育改革的一个主题，而教育体制机制改革，理顺教育系统各要素之间的关系，则是为立德树人服务的，突出了地方高校的服务功能。新时代关于教育质量的一个衡量标准就是高校是否能促进学生的全面发展以及培养的人才是否能适应未来社会发展，同时还把提升学生服务社会的责任感作为其中的一个重要着力点。《关于深化教育体制机制改革的意见》明确了我国教育体制机制改革的指导思想、基本原则和主要目标，高校具有为社会提供服务的职能，高校行政部门作为实现高校服务职能的推动者，必须转变职能，即变管理职能为服务职能，同时进行内部行政管理体制改革以适应职能转变。高校行政管理部门必须以本校教职工和学生为服务对象，满足教师教学科研需要，满足学生学习和生活需要，促进学生的全面发展，提升办学质量，最终实现社会服务职能。

二、微观对象

从微观层面来看，地方高校行政管理的对象就是教师和学生，为教师提供教学科研上的帮助和支持，为学生提供良好的学习环境和氛围。地方高校的一切活动都是为了保证教学活动的顺利开展。而教师和学生恰恰是教育活动的主体以及实现教育目的的对象。

保证学校的教学活动正常进行、教师与学生和睦相处、学生快乐学习，促进教学目标的实现是我国地方高校行政管理的主要目的。在教育教学活动过程中，教师和学生是主要的参与对象，也是实现教学目标的主体。从现代的管理制度中我们得知，地方高校的行政管理并不是对参与者的管理或管制，其真正的职能是为教师和学生提供服务。行政管理在管理的过程中实际上是一个相互促进、相互鼓励、共同进步的过程。因此，在管理的过程中，需要的不是行政管理者单方面制定的一系列规则与制度，而是管理者与被管理者之间的沟通交流，二者之间要相互信任，有什么问题就提出并共同协商解决，共同保证行政管理的效果。当然，被管理者积极配合管理者也是非常重要的。有一些地方高校教师一心只钻研学科的专业知识，对行政管理完全忽视甚至持不赞同的态度，这对于地方高校而言，很难推进行政管理的工作，行政管理工作的质量和效率也会大大降低。因此，行政管理工作者必须与学校的教师和学生建立良好的关系，在进行管理工作时要以服务为宗旨，营造一种良好的校园氛围。

第二节 地方高校行政管理的内容

一、教学行政管理

教学行政管理是保障和提升地方高校教育教学质量的关键，关系教育事业的健康发展。教学行政管理的根本任务是教学管理部门根据教学计划和各年级、各专业的各种门类的课程要求，通过教师和教学设施的投入，科学有效地组织高效、高质的教学活动。通常情况下，教学行政管理的目标是在地方高校教学全过程的质量监控、教学制度的制定、教学评价的实施等环节中实现的，教学质量管理、教学制度管理和教学评价管理之间相互作用，教学制度管理和教学评价管理是教学质量管理的重要保证。

二、科研行政管理

高校科研是国家科技创新体系的重要组成部分，也是地方高校学科建设的关键。在政府或第三方社会评估机构的学科评估指标体系中，科研成果及其质量都占据了较大比例，且不可否认的是，科研水平在很大程度上代表了一个学科的发展水平，因此，如何提高科研能力、产出高质量成果一直是各类地方高校关注的焦点。地方高校科研应对接国家和区域发展需要，坚持问题导向。社会服务是大学的职能之一，相较于教学与科研职能，其确立时间较晚，随着社会的发展变革，大学履行社会服务职能的形式和途径日益丰富，如培养高素质人才、转化科研成果、开展专家咨询等，因此从广义上讲，人才培养和科学研究也是大学履行社会服务职能的两种形式。大学科学研究间接完成服务社会的使命，以服务地方为导向，加强产、学、研合作，搭建成果转化服务平台，加快研究成果的落地并提高转化效率；另外，部分地方高校提出了智库建设，发挥地方高校人才优势，为社会事业发展提供科学指导。

教育的国际交流与合作是各国文化交流的重要组成部分，是不同国家进行友好交流、增加信任的重要途径。我国始终坚持教育对外开放，2020年6月出台了《教育部等八部门关于加快和扩大新时代教育对外开放的意见》，强调要培养具有国际化视野的高层次人才，并积极打造"留学中国"的品牌。地方高校积极与邻近国家和地区进行学术交流，提高人才培养和师资的国际化水平，扩大留学生教育规模，加强国际科研合作。总的来说，地方高校的国际交流与合作策略主要聚焦于人才和师资的国际化培养，开阔师生的国际视野，提高人才培养质量和师资学术科研水平。

地方高校本身的知识储备和人才优势，使其承担了更多的科学研究职能。尤其是研究型地方高校科研工作的发展，不仅为培养高级专门人才创造了条件，促进了地方高校研究生规模的扩大，还对提高师资水平、更新教学内容、改进教学方法、促进新兴学科的形成和发展产生了重要的推动作用。

地方高校的科研行政管理职能更是使其成为研究型大学的主要职能。一般来说，高等院校的科研行政管理主要包括科研预测与规划管理、科研机构与队伍管理、科研项目与经费管理、科研成果与应用管理等。与一般科研机构或其他层次的学校相比，无论是就类型还是就特点，地方高校的科研工作更加系统，涉及领域更加广泛，所以地方高校的科研行政管理工作也更加复杂。

地方高校的科研活动比较活跃，是科技成果的孵化基地。我国对地方高校科研经费投入占比达20%以上，特别是在基础研究领域，占比普遍达到60%。政府要加大科研经费投入，增加科研项目的层次和类型，提高科研项目质量，增加单个科研项目的经费总量，以此来解决经费缺乏的问题。要优化科研项目经费管理办法，调高科研工作经费比例上限，以吸引高质量的科研人才；同时设置下限，保证研究生导师项目经费制度的落实，并设立"研究生导师支持专项工程"。

要增强引进海外高素质人才的支持力度,努力创造和改善引才、招才、留才的软硬条件。加大对海外高素质人才队伍建设的投入,制定相关海外高素质人才专项资金管理办法。国家在申办国家大型项目和支持产业发展的政策层面,应优先聘请国内外高技能人才,鼓励和支持国内外高技能人才尽快融入社会经济建设。

我国部分地区拥有相对较强的科学技术教育资源和强大的综合科学技术能力,地方高校科研经费投入的产出在全国也处于良好水平,但缺乏对科研输出方面的关注和重视,使得区域创新发展的驱动力不足,无法为区域创新发展带来新的突破。研发成果转化是地方高校研发活动中的重要一环,只有将研发成果切实利用到企业和机构中,将其转化为现实生产力,才能使无形的研发资源创造出有形的经济效益。因此,促进区域创新发展不仅要关注地方高校研发投入,还要注重解决研发成果如何转化为生产力的问题。

目前,我国地方高校科研成果转化率较低,部分科研成果只停留在实验室,没有真正实现成果转化,导致地方经济发展受限。地方高校的科研活动要结合实际,根据社会需要合理开展。从区域经济发展的角度来看,积极发展校企合作有利于实现双赢。为了积极推动校企合作的发展,首先,政府部门应该建立相应的政策机制,促进地方高校、企业和社会之间的合作,并鼓励大学科技园、创新型企业基地等机构积极开展相关活动,为推动校企合作提供支持。其次,地方高校应该加强与企业的沟通合作。地方高校研发的目的在于为企业输送技术成果和高端知识人才,通过与企业互联互通实现研发活动的高效运转。地方高校可以与企业进行协商,让相关知识型人才提前进入企业进行适应、沟通和了解,通过实际参与来达到创造新发展机遇的目的。如此,地方高校毕业生才能更好地满足企业生产经营的需要,实现以人才为载体的科学研究所创造的知识技术价值。最后,地方高校在研发过程中要密切关注企业动态,通过了解市场条件和实际经营状况进行技术创新,结合市场需求转变科研方向,减少无法进行顺利转化的专利成果数量,最终实现校企联合培养可持续发展。

逐步转变地方高校科研评价体系,要不断完善地方高校教师职称评审制度的规范性和公平性,鼓励地方高校科研人员转化科研成果,对服务区域创新发展给予经费补贴,从而提高地方高校研发人员的积极性以及对技术转让优势和功能的认识,使他们学会将科研成果转化为企业生产力,提高生产效率和竞争力。对科研人员来说,科技成果的技术转移不仅可以提高其个人收入和社会影响力,而且可以达到科研投入促进区域创新发展的最终目的。

地方高校通过在区域内建立成果转化和技术转移中心，承担信息沟通、专利服务等功能，并与企业协商达成利益分享协议，实现成果转化和技术转移。政府可以建立试验基地。研发实验是检验地方高校研发成果能否直接作用于企业的中间环节，通过研发实验，企业可以预测未来经济利益，直接促进地方高校科研成果实现产业化。研发实验的使用可以促进地方高校研发成果的积极转化，从而提高区域创新发展效率。

三、人事行政管理

运用科学原理、原则、方法，按照学校的使命和学生的成长规律，对学校所有层次的人员进行计划和组织，指导、协调和控制人际与人事关系，做好教职员工的任用、调配交流、奖惩任免、培训考核、工资福利、职级晋升、离退休等方面的工作，以达到教育人力资源利用的高效率、高效益目的。为了保证学校各项工作任务目标的实现，必须建立一支精干的、高水平的教职工队伍，这是学校人事管理工作系统的目标。

在地方高校一流学科的竞争态势下，人才资源作为核心要素，其战略地位不断强化，一流的师资所带来的高回报率和辐射作用不容忽视，是提高人才培养质量、争取重大项目、产出高质量科研成果的重要驱动力量，师资建设的战略地位得到了凸显。在师资队伍建设方面，侧重点在于人才引进与培育、建设学科团队。关于高层次人才的引进，不少高校都在拥有国家人才称号的高层次人才方面提出了需求。在人才培育方面，重点关注青年教师的专业成长，为教师队伍培养优秀接班人。

人事行政管理中最重要的就是要健全绩效考核机制。一是构建健全的晋升及奖惩机制。从激励理论中可以了解到，人的工作动机影响因素主要包括激励因素和保健因素两个方面。激励因素是指与人的满意度相关的一类因素，能够激励员工行为；而保健因素是指同人的满意情绪存在关联的一类因素，可以使人的积极性得以保持，能够对工作现状进行维持。当前地方高校采取的激励措施主要是绩效考核，但绩效考核还存在一些问题，其激励作用还有待发挥。在晋升机制方面，地方政府相关部门督促高校可根据现有状况制定行政管理人员晋升制度，并予以落实。为各岗位拓展多条晋升渠道，并为各条渠道设置条件、标准和资格，如学历、工作年限、职称等，从而使行政管理人员能够清晰地了解到自身在高校的发展方向；同时，还应该为行政管理人员进行职业规划指导，使行政管理人员能够了解各岗位的明确发展方向，并实施竞争晋升制度，从而实现晋升的公平公正。在奖惩机制方面，应该进一步完善绩效考核制度，重新制定指标和标准，使绩效考核指标能够实现量化。在绩效评价方面，不应该仅仅只有上级对下级进行评价，还应该兼具同级评价以及师生评价，从而保证绩效考核的有效性，使行政管理人员意识到绩效考核的公平、公正性，从而使其被激励，提升工作积极性，最终实现地方高校行政效能的提升。二是构建健全的绩效反馈机制。绩效反馈主要是由上级部门领导对被考核的行政管理人员的考核评价结果进行面对面沟通，并对行政管理人员在工作中出现的各种问题进行说明，对存在的不足之处达成共识，并制订相应的改进计划，然后进行计划跟进，实现绩效的有效改进。目前地方高校在绩效考核与评价方面存在问题，而且绩效反馈工作不尽如人意。地方高校基本上在完成绩效评价之后，只是将结果进行简单的公布，并未进行下一步改进，导致绩效反馈不足。所以，地方政府相关部门应协助地方高校构建健全的绩效反馈机制，地方高校行政管理部门领导应该对行政管理人员在日常工作中的表现进行关注和掌握，并在绩效评价后进行面对面沟通。在沟通前，需要对行政管理人员的学历、性格、工作经历等方面进行全面了解，从而有针对性地进行沟通，将其工作过程中出现的问题予以指出，并将具体的改进计划告知行政管理人员，然后对改进计划的实施进行跟进，最终保证行政管理人员的工作效率得到提升，从而实现高校行政效能的提升。

地方高校人事行政管理工作的核心是师资队伍的建设和管理。拥有一支高质量的师资队伍，是实现一切工作任务和目标的决定性前提。地方高校教师既是学者，又是教育专家，承担着服务社会的职能，因此，他们必须具备高尚的人格，并将深厚的科学文化修养与高度的社会责任感结合在一起，努力成为地方高校发展的核心动力。

四、财务行政管理

学校财务行政管理主要是围绕筹集、分配、使用与管理经费等环节展开活动。其中，筹措经费是先决条件，然后是合理分配、使用和管理经费。从国际范围来看，重视教育经费筹措、合理利用教育经费，是地方高校做好财务行政管理工作的核心内容。

第三节 地方高校行政管理的职能

一、地方高校行政管理的主要职能

地方高校行政管理的职能主要源于政府教育行政管理职能。地方高校的行政管理职能可以分为教育指导职能、教育服务职能和教育管理职能。

（一）教育指导职能

地方高校行政管理的教育指导职能是指地方高校要以国家政府下发的各项教育方针政策为主，按照当前的方针政策进行教育指导。

（二）教育服务职能

地方高校的教育服务职能体现在，行政管理部门通过各项规章制度来组织高校的非行政人员进行教学和科研等活动。处理好在教学和科研中的各种问题，全面使地方高校的教职工都能在自己的岗位上勤劳奋斗和爱岗敬业，最后达到地方高校的预期目标。

（三）教育管理职能

地方高校行政管理的教育管理职能主要表现在，行政管理人员通过管理运行体制和实施具体的管理办法，对高校的教职工进行管理，使他们能够按照条例和规范有条不紊地工作。

上述职能由我国的社会主义性质决定，对地方高校的教学和科研起到重要的作用。随着社会的发展和变化，高校行政管理的职能对其教学起到保障作用，所以要在加强和改善地方高校行政管理职能的基础上，不断地完善和创新地方高校的行政管理职能，这样才能更好地使地方高校的教育水平得以提高。

二、地方高校行政管理职能的作用

地方高校的行政管理是实现教育和科研的第一要务，具有指导、调节、约束等性质。要保证和协调地方高校的发展和改革，必须充分发挥行政管理职能的作用。

第一，地方高校行政管理工作的保障作用体现在其服务职能上。地方高校的行政管理工作关系到其整体运行，几乎每一件事情都与它息息相关。哪怕是再小的事，一旦管理失误，也会产生整个局面的问题，影响到整个工作的进度和整个工作的效率。要想真正保证地方高校的办学和改革，就必须充分利用其服务职能，把服务职能融入工作，协调好各种关系。

第二，地方高校的办学宗旨是为国家培养优秀的人才，应从管理、服务等方面来实现。师生的管理、服务都要经过学校行政管理部门的统筹协调，虽然各个部门的工作存在很大差异，但是当出现种种不和谐的现象时，学校要求管理部门都要做好各自的工作，要求各个部门的工作协调起来，使其协调和服务功能得到最大限度发挥。地方高校通过加强对教学与科研的管理，使之深入学校的各个工作环节，从而实现地方高校行政管理的整体效能和工作效率的提高。

第三，地方高校行政管理的改革和发展，以其有力的后盾来支撑大学的改革和发展，同时也激发了全体教师和学生的积极性。对各个部门和人员的工作进行监督和检查，可以确保学校日常工作的顺利进行。在地方高校的行政管理工作中，最科学、最合理地发挥行政管理职能的作用，从而为实现大学行政工作的系统化和制度化奠定坚实的基础。

第四节　地方高校行政管理的运行机制

要想充分地发挥地方高校的行政管理职能，首先要不断地对运行机制进行改革和创新。这就要求地方高校有一个良好的运行机制来对其工作进行保障，这样才能够使地方高校的行政管理人员在工作中安稳地工作，更好地调动行政管理人员的能动性。要想切实可行地运用好地方高校的行政管理职能，就要做到熟知行政管理的基础理论，因地制宜地根据自己院校目前的情况来确定一个符合实际的运行机制，其除了普遍性的行政管理特征，还有教育自身的规律特征。总体来讲，地方高校的行政管理运行机制包括决策机制、竞争机制、动力机制、保障机制和应急管理机制。

一、决策机制

国家要求高校要做到科学与民主的统一，地方高校在行政管理上，只有做到科学与民主的统一，方能在行政管理工作的过程中做出最合适的决策，才能最大限度地保障地方高校行政管理运行的合理性。

二、竞争机制

竞争机制的确立，是地方高校行政管理运行机制中的一个必不可少的重要机制，主要体现在教学水平管理和高校师资队伍的管理、教学与科学研究上，后勤保障等方面也有明显的体现。地方高校行政管理人员通过公平的竞争实现优胜劣汰，这是竞争机制最为显著的一个特点。市场经济的重要法则之一就是竞争。地方高校行政管理引入竞争机制，对行政管理人员的创造性和主观能动性发挥了重要的促进作用，这有利于改善和提高地方高校行政管理工作的效率。

三、动力机制

首先要强调的是地方高校行政管理的动力机制，包括内在的吸引力、外界的压力与吸引力。其中所说的吸引力包含了地方高校在其硬件设备上对外界的吸引力因素，如地方高校的办学条件、校园环境、悠久校史和学术氛围等一系列影响力。地方高校只有具备了吸引力，才能更好形成向心力。就目前地方高校的现状来讲，地方高校的行政管理人员的价值观是各个高校的动力所在。良好的内在动力，方能使他们保持一个良好的状态，更好地投入工作中。而外界的压力主要包含国家的重视程度、高校在社会上的口碑等，这是动力机制中不可或缺的一种反弹因素。

四、保障机制

建设目标的实现以及行动策略的实施需要一个有力的运行保障机制。地方高校在保障机制建立和完善上表现在这些方面：管理体制的顶层统筹和布局；重视目标管理的评价监督；聚焦一流的资源配置；调动人才主动性和活力的人事制度。

在管理体制方面，地方高校提出了一系列举措，主要包括改革内部治理体制和面向社会办学。在内部治理体制方面，成立学校层面的学科建设领导小组来统筹全局，建立以学校章程为统领的现代大学制度体系，推进校院两级管理改革，给予院级更大的自主权，积极发挥学术组织的管理督促作用；在面向社会办学方面，建立学校理事会制度、校友会及基金会等，与政府、企业、研究机构和其他单位加强合作，接受社会监督，实行民主管理。在评价监督方面，主要强调目标管理，对任务进行分解，明确责任分工，进行分阶段的绩效考评，在评价结果的基础上进行动态调整，进行资源重新分配。在资源配置方面，注重资源筹集和配置，拓宽政府、社会和学校的多元筹资渠道，重视资源利用效率，并将资源向一流学科倾斜。在人员激励方面，以激励人员主动性和积极性为目标，突出"绩效""分类"的人事管理制度，健全以岗位绩效工资为主的薪酬体系，完善高层次人才的引进激励政策，旨在建设一支有活力、高水平的师资队伍。

五、应急管理机制

应急管理指的是为了降低突发事件的损害，管理主体基于造成突发事件的原因、突发事件发生发展过程及其产生的负面影响的科学分析，有效地调配人员和各种资源，运用科学技术手段和现代管理方法对突发事件进行有效的预防、应对和恢复。简单而言，应急管理是对突发公共事件进行预防、应对、恢复的过程。基于应急管理的认识，地方高校突发事件应急管理是指在面临突发事件威胁的情境下，地方高校的管理机构及相关管理者迅速做出决策，采取有组织、有计划、有步骤的应对行为和动态的管理过程。

机制是指经过实践检验有效的，形成的各种理论化、制度化、程序化、系统化的方法与措施。简单来说，机制就是制度化了的方法。实践中的工作机制具有如下几个特点：一是客观性。机制是经过证明行之有效的、较为固化的方法，遵循一定的规律，对实践工作有指导性，不因个人主观意识或组织负责人变动而随意改变。二是规范性。机制本身含有制度的因素，具有一定的强制力和约束力，要求所有相关人员遵守，如健全的应急管理机制要求应急管理的相关部门都要参照执行。三是累积性。机制是对存储和保留的各种有效方法、措施进行分析研究后得出的上升到理论高度的应用性成果，能够有力有效督促、指导、推动实践工作深入开展。四是综合性。机制不是依靠单一方式起作用而是依靠多种方式、方法来起作用的。例如，建立应急管理工作机制的同时，还应有相应的评估机制、监督机制来保证工作的评价、落实、推动。五是发展性。机制是由实践中有效的经验、措施总结提炼而成，因此，机制必须能随着时代的发展而不断更新，随着实践的深入而不断完善。应急管理机制就是在突发事件事前、事中、事后全过程中，采取的各种制度化、程序化的应急管理方式与措施。应急管理机制是以"一案三制"为核心的应急管理体系的重要支撑，在让应急管理体系具体规范地运转起来方面发挥着积极功效。

从外在形式来看，地方高校突发事件应急管理机制是社会危机管理机制的有效延伸，体现了应急管理的各项具体职能。从实质内涵来看，地方高校突发事件应急管理机制是地方高校为避免或减少突发事件的产生及产生的危害而进行的预防预警、监测协调、组织控制、决策处置、评价反馈的过程。

地方高校也许不能完全避免突发事件的发生，但系统的规划和统一的措施，可以大大降低突发事件发生的概率或将其破坏性尽量控制到最低程度。因此，建立切实可行的地方高校突发事件应急管理机制，加强高校的应急管理能力建设，成为地方高校重要而紧迫的任务。在地方高校突发事件的应急管理机制中应建立预防预警机制、应急组织机制、应急决策机制、应急处置机制、应急沟通机制和善后处理机制。

（一）预防预警机制

1. 预防机制

突发事件应急管理的预防过程包括突发事件的监测、预警、预控三个过程。主要流程为收集信息→研判发展趋势→获取预警信息→评估预警信息→上报预警信息→管理者预警反应→预先控制和防范。

应急管理预案指预先制订的突发事件紧急行动方案。编制突发事件应急预案可以减少决策时间和压力，有助于合理配置突发事件反应和恢复所需资源，促使突发事件反应和恢复行为更加科学合理，从而把突发事件引起的损失降到最低程度。

2. 预警机制

预警机制工作过程包括信息收集→信息加工→预警的临界点→危机评估→决策→做出响应。预警体系包括信息收集子系统、信息加工子系统、决策子系统、警报子系统和咨询子系统等。

地方高校突发事件预警分析，是对突发事件的迹象进行检测、识别诊断与评价，从而发出预警，引起应急管理团队重视，促使其做好应对准备。

（二）应急组织机制

一般来说，应急管理的组织体系是一个社会整体应对网络，由领导机构、办事机构、工作机构、地方机构、社会公众等组成。

地方高校的应急组织机制是指应该动员和借助各种社会资源，如政府、教育部门、社区、家庭等，整合和调动各种力量共同应对突发事件，充分发挥各力量相互之间的协同作用。

（三）应急决策机制

应急决策是应急管理的核心和关键环节。在大数据背景下，地方高校将会逐步失去单向传递的信息优势，师生不再只是单纯的信息接收者，地方高校应急决策部门需要切实转变观念，树立"多元共治"的理念，形成自下而上、民主、透明的决策思维，由传统经验、专断决策转变为更科学、民主的社会多层次主体参与的群体决策模式，最大限度地让师生参与决策，使师生能够通过便捷途径充分表达意见和建议，实现应急决策方案的优化。

（四）应急处置机制

突发事件的突发性决定了必须事前建立相应的危机处置机制。建立地方高校突发事件应急处置机制，就是按照"控制事态，有效解决"的原则，在突发事件发生之后迅速有效地介入，力求以最快的速度遏制突发事件发展的势头，整合各种资源和方法解决突发事件，防止事态的进一步恶化，最大限度地减轻危害。

（五）应急沟通机制

在突发事件发展过程中，信息不对称、不公开造成小道消息及谣言盛行往往是事件升级的原因所在，因此，地方高校应建立权威的应急沟通机制，及时与社会媒体及学生家长沟通，避免猜疑和谣言，从而共同营造良好的舆论氛围，提高学校公信力和处置事件的效率。

（六）善后处理机制

1. 事后恢复重建

发生突发事件之后，地方高校应致力于恢复工作，在制订突发事件恢复计划的基础上进行必要的重建。

2. 人的身心恢复

一方面要进行有形情境的恢复（对在突发事件中遭到破坏的安全管理措施等进行恢复），另一方面要进行人的身心恢复（学校应本着人文关怀的态度，积极帮助受到伤害的师生尽快完成身心恢复），使学校和师生早日重新回归正常状态。

3. 突发事件总结反思

地方高校应在全方位调查突发事件的基础上对整个事件进行回顾总结，对突发事件的前因后果进行全面准确的调查，然后写出详细的突发事件调查报告并公布于众。此外要对事件中相关人员的表现进行评定，对应急管理机构进行合理改革等。

4. 应急预案的修订和完善

在进行全面调查和总结反思的基础上，吸取经验教训，调整和完善应急预案，以更好地指导今后的应急管理行动。

第五节 地方高校行政管理的执行体系

高校行政管理执行是指高校行政管理人员根据学校领导层的部署要求，紧紧围绕学校发展规划纲要，结合单位实际贯彻执行。执行始终贯穿于高校行政管理工作实际执行的整个过程，是有效评估行政管理部门工作能力的重要依据与实现高校发展目标的根本保障。

一、组织结构

从组织结构理论层面来讲，组织结构的三大特性包括规范性、复杂性以及集权和分权性，组织结构的特性对其设计调整以及变革发挥决定作用。高校若要提升行政效能，必须调整其行政机构，保证行政机构的精简化，从而利于行政管理工作的高效化开展，使行政机构得以"轻装上阵"。地方政府相关部门应根据高校的发展方向指导高校设置行政机构，或者根据国家发展需求有目的地要求高校设置行政机构。高校在设置自身行政管理机构的过程中，应该从机构的战略目标、管理层级、权力划分等多方面进行综合考虑，并对原行政管理机构存在的优点与不足进行综合考量，从而在机构设置的过程中将原机构的优点保留，并去其不足。与此同时，将行政管理机构的层级适当减少，能使行政管理程序更加精简化，还能使机构的职责职能实现明确划分。如果高校行政管理机构的层级增加，则会增加相应的工作岗位，所设置的岗位要配备相应的工作人员，这不仅徒增人力成本，还会导致行政管理效率降低，甚至导致行政管理混乱。因此，高校在设置行政管理机构时，应该根据自身实际情况和需求，同时接受地方政府相关部门监督，尽量保证行政管理机构精简化，并将机构的各层级职责职能明确化，从而保证机构运作处于高效状态，进而提升地方高校的行政管理效能。

目前，根据以往的行政机构设立，部分地方高校部门岗位的职能存在重复交叉的情况，这种情况下所进行的行政管理工作可能会在效能方面大打折扣，所以地方高校行政管理机构各部门要吸取经验教训，部门相关负责人应该依据岗位说明对各岗位职责予以明确，并预先进行沟通，然后再分配具体任务，以免出现一件事务多部门参与、多头领导的现象。由于行政管理人员日常工作比较烦琐复杂，各岗位间的工作不仅存在相通性，还存在独立性，为了使各岗位职责划分明确，在制定岗位职责说明的过程中，应该由相关部门联合参与，并给出意见，对工作重复、责任不明等情况进行规避。同时，岗位职责说明在制定的过程中还需重视其实效性，伴随地方高校行政管理工作目标不断转移，相关的职责分配也应该随之改变，从而使岗位职责分配的准确性得到保证，进而促进地方高校行政管理执行力的提升。

二、内部运行机制

地方高校的行政管理内部运行机制是地方高校为了实现学校的战略目标，依靠一定的机构和制度，采用一定的措施和手段，发挥管理和行政职能，带领和引导师生充分利用各种资源，实现预定目标的组织活动过程。这个过程中的有效执行是地方高校发展的关键因素。只有正确的执行才能让战略目标有效实施和顺利完成，因此必须依托执行才能使组织有效运作。换言之，建立一个动态的执行力组织是完成战略目标的前提和基础，执行力组织也必须构建相应的执行制度和运行机制，以此作为执行力的支柱和骨架。一般而言，学术自由属性和科层行政属性共同构成了地方高校整体组织结构的两个维度。因此，地方高校行政管理执行组织的构建及其运行效率的高低,并不单纯取决于行政管理本身,还取决于对这两种特殊关系的统筹把握与处理的机制架构。由此,地方高校行政管理运行机制组织体系就应该包括系统合理、层级分明的行政执行组织机制;综合协调的执行保障机制;责任和绩效评估相结合的执行激励机制。

三、执行主体的素质与能力

(一)执行管理人员的职业道德素养

目前,地方高校中少数行政管理人员缺乏责任意识,并且在言行举止和服务态度方面均存在一定的偏差,道德素质还有待提升,对高校造成了一定的不良影响,所以加强行政管理人员的职业道德素养很有必要,需要做到如下几个方面:首先,地方政府相关部门应该对地方高校行政管理人员不定期地加强职业道德素养培训,使行政管理人员能够对其岗位工作负责,对高校负责,可以采取理论教育、案例教育等方式对行政管理人员进行教育指导,树立正确的职业道德观念,加强教师师德师风的专业化培训,提升地方高校行政管理队伍整体素质。其次,地方政府相关部门应该要求地方高校制定并完善职业道德考核制度,通过教育现代化管理手段做好行政管理人员职业道德监督工作,并构建反馈平台,鼓励在校教师及学生对不良道德行为通过互联网进行反馈,使行政管理人员能更好地服务于师生。最后,地方政府相关部门应该督促地方高校创设良好的校园文化,营造良好的环境氛围,通过校内的宣传栏、网站以及学报等进行职业道德宣传,营造舆论氛围,通过这种隐性教育来增强行政管理人员的职业道德素养。

(二)执行管理人员的业务技能培训

当前地方高校的行政管理人员在业务技能方面有很大的提升空间,尤其是教育现代化的应用,可以促使地方高校行政管理工作变得更加便捷,而传统的工作方式方法已经不适用于当前地方高校行政管理工作需求,导致行政管理工作效率降低,从而使行政效能受到影响。因此,针对行政管理人员,不仅需要提升其对教育现代化的认识和应用意识,还应该提升此方面技能,如地方政府相关部门定期组织就业创业指导培训会、学籍培训会、资产管理培训会或各方面经验交流会等,将教育现代化与行政管理业务进行有效融合,从而全面提升地方高校行政管理人员的业务技能。地方政府相关部门应积极搭建地方高校与企业之间的合作平台，让行政管理人员在企业中进行挂职锻炼，一方面对业务技能进行历练，另一方面可以学习企业中最前沿的技术知识，了解企业的用人需求。此外，对地方高校行政管理人员的培训还需建立长效机制，这主要是由于教育现代化的发展速度比较快，需要行政管理人员及时了解和掌握，并做到与时俱进，能够有效发挥其业务技能，促使行政管理效能得到提升。

四、执行力文化

文化传承与创新是高等教育的基本功能，也是大学的重要使命。地方高校对地方文化的研究、挖掘、传承和创新具有不可替代的作用，有利于丰富校园文化，助力地方文化事业发展，加强精神文明建设。地方高校在文化传承与创新上坚持中国特色，主要关注两点：一是强调以社会主义核心价值观贯穿育人全过程，传承中华优秀传统文化，培养社会主义建设者和接班人；二是重视校风、学风、教风建设，培育各具特色的学校文化和学科文化。

第四章 地方高校行政管理的理论模式

随着地方高校行政管理理论模式不断改革、优化,建立一种适应地方高校发展的行政管理模式,对推动我国地方高校教育事业发展有着重大的意义,能够提升地方高校行政管理工作效率,更好地为师生员工提供服务,为教学科研活动的顺利进行保驾护航,不断提升地方高校办学水平。本章介绍了科层式管理模式、参与式管理模式、服务型管理模式三个部分。主要包括地方高校行政管理理论三种模式的概念、对策等内容。

第一节 科层式管理模式

一、相关概念界定

(一)科层式

科层式又称官僚制,在许多国家和组织中,科层式作为一种制度以不同形式存在了几千年。1819 年出版的《布罗克豪斯百科全书》中记载了"科层式"作为学术术语的研究最早出现在德国政治学官方文献中。关于科层式,从不同的视角出发,有着多种解释。从作为政治体制类型角度来看,科层式是指一种行政职位为职业文官所占据的体制,通常这种体制是对世袭君主负责,这一看法主要适用于 19 世纪。随着时代的发展,科层式不断被赋予新的内涵,主要指服务于管理者的一种体制模式。从公共行政学角度来看,科层式作为一种公共管理模式而存在,不单单是组织中的行政管理。科层式所具有的许多特性在具体管理实践中均有所体现,比如强调公共利益、强制性、权威性等,这些特质的存在使得组织管理更加官僚化。从政治经济学角度来看,科层式被视为一个非市场的组织,与通过在市场上销售产品获得资金的组织不同,它的资金来自上级联盟的一般拨款。

德国著名社会学家马克斯·韦伯（Max Weber）关于科层式的开创性研究拓展了社会学的深度和广度,同时也开创了组织理论的一个广泛的领域,为科层式的发展提供了理论基础。马克斯·韦伯认为,科层式是由专门的管理人员按照规定的制度原则进行组织管理的行政管理体制。科层式组织的等级制有三种基本形式：专制型、共同治理型、传统型。其核心思想是把组织看成由部门和职位的等级结构形成的体系,每个部门和职位的权限和职责都是依据合理、合法的原则,按照其在组织中的地位确定的；每个成员的一切职位行为都由既定的规则制约着。这种行政管理体制越来越盛行于所有的政治体制,是实现统治目标最合理的形式。它包含以下特征：权威层级、规范化、专门化、标准化、遵从绩效原则（或称非人格化）。

综上所述,基于马克斯·韦伯对科层式提出的基本观点,将科层式定义为在组织中以成文的规章制度为依据,主张遵循合理、合法原则,分层级对组织成员进行规则制约的行政管理制度,它具有权威层级、规范化、专门化、标准化及非人格化的特征,是特定权力的使用和服从关系的体现。

（二）学校科层式管理模式

学校是指教育者采用不同教学方式、创设各种教育情境、有组织有计划地对受教育者进行能力培训的组织机构。不同于其他公共组织,学校有其特有的结构特点,大多数学者公认的看法是,学校组织结构具有松散联结的特性,这是因为学校组织的形成是以学科为基础的。此外,学校组织不同于其他组织,具有两个权力系统,一个是行政权力系统,另一个是学术权力系统。后者的存在相对于前者而言,是一种补充也是一种制衡。

学校管理是学校管理者对本校各项工作,即教育、教学、科研、后勤等进行计划、组织、指挥、协调和控制的活动。按照组织特征,学校管理是指学校行政权力系统对学校的管理活动,在学校管理中,管理者通过制定合理的管理原则,运用科学的管理方法,对各方面活动进行有效的协调控制,来实现教书育人的目的。

综上对科层式与学校的理解,学校科层式管理模式是学校管理者为实现对学校各方面活动的有效协调控制,在学校行政体系中依照科层式的基本原则,对教育者、受教育者以及其他组织成员进行规则制约的一种行政管理体制,它是学校管理的重要手段,是学校协调高效运转不可或缺的制度。

二、科层式管理模式的对策

（一）重视学校人力资源管理

1. 树立新型的教师管理观

传统的科层式管理模式下，学校管理者被赋予充分的权力，权力的集中使得管理者演变为控制者，为教职工服务的理念被淡化。服务理念是新公共管理理论中处于核心地位的理念之一，即转变原有权威观念，树立顾客服务意识。在行政方面教师处于被管理地位，但教师具有的专业知识和教学能力有利于实现学校育人的目标，学校管理者应将教师看作学校管理中的"顾客"，尽最大可能为教师提供服务。因此，学校管理者应树立新型的教师管理观，摒弃传统管理思想，明确"管理就是服务"的理念。

在科层式管理模式下，学校的运行机制缺乏灵活性，学校制定何种模式，教师就必须接受这种模式，而新型教师管理观要求应以教师为导向，充分发挥教师的主体地位和作用，教师在参与管理的过程中不断提高能力。只有在思想上明确这一点，管理者才能在实际行动中转变做法，重视教师需求。所以，应积极倡导学校管理者树立新型教师管理观，摒弃传统官本位思想，从根本上促进教师地位的提高。

2. 建立校务信息公开系统

科层式管理模式下，学校中的信息是闭塞、封闭的，而新公共管理中的顾客理论认为，只有当顾客充分获取市场不同服务者所提供的各种相关的准确、可靠信息后，才能做出正确的选择。学校管理者作为服务者，应为教师提供信息，促进教师参与学校管理，保证其教学活动的有序进行。

第一，确保学校信息的公开性和透明度。学校管理者应充分利用现代信息手段，采取网络、广播、信息公告栏等多种途径积极宣传学校的一些规章制度、政策措施、服务信息，打破科层式信息封闭的状态，保障教师对学校各项事务的知情权，确保教师能够及时了解自己所需要的信息。

第二，学校管理部门应积极引进先进的现代管理技术，将现代管理方法运用到学校管理实践中，尽快实现学校管理方式的科学化。比如，可以建立教师网上管理系统，利用该系统对各个年级的文件资料及教师信息进行整合管理，实现科学统筹。

第三，学校管理人员和教职工都应紧跟时代潮流，积极学习现代管理方式，充分发挥互联网的正向功能,加强与不同地区的学校交流,促进观念及时更新,改变教学方法。通过对学校信息的公开,能够改进目前的学校管理方式,保障教师的各项权益,同时也有利于教师参与监督,防止管理权力的滥用,促进教师自主决策,真正体现"管理就是服务"的思想。

3. 提升教师队伍综合素质

教师是学校最重要的人力资源,也是推动学校教育发展的动力,但是科层式管理模式对教师的重视并不够,缺少促进教师专业发展的措施,要想促进教师可持续发展,需加强对教师能力的培训,提升教师队伍的综合素质。当然,这并不是短时间内可以完成的工作,只有在学校日常生活中不断提高综合素质才能促进教师在学校建设、教书育人等方面做出更大的贡献。然而,目前科层式管理模式下的学校并没有意识到提升教师素质的重要作用,忽视了教师专业发展的需求,最终导致学校发展动力不足,所以,学校管理体制变革的重点应聚焦于如何提升教师队伍综合素质,促进学校不断发展。

4. 加强教师团队交流合作

学校科层式管理模式强调分工明确,以理性和非人格化为原则,要求教师摒弃个人情感,导致学校组织之间是封闭、冰冷的。团队的概念起源于企业管理,科技飞速发展的今天,国内外许多企业的改革都致力于改变以往传统的管理模式,逐渐向以团队合作为主的管理方式转变。通过实践的运用可以看到,具有合作精神的团队,其工作效率会更高,员工的热情也会更高涨,从而更有利于实现组织目标。

(二)实现学校扁平化管理

改变科层式下的等级管理模式,简化学校管理层级,提高学校管理层级的灵活性,使学校各层级部门更加协调,避免层级繁多造成冗余,是促进现代学校发展的关键。适当引入市场机制,能够有效地提高学校内部管理效率,但是学校同大多数公共组织一样,在管理过程中忽视了市场机制的重要性。市场理论不仅适用于企业组织,更适合政府等公共部门。市场是一只看不见的手,其最基本特征是自由、开放,没有市场竞争意味着学校无法打破科层式等级特性的约束,意味着无法实现学校管理的高效运转。在学校管理中,新公共管理理论中的市场理论为学校管理体制优化提供了可行性,主张革除那些对学校目标不再起作用的职能或部门,只留下学校管理体制中的重要部门,以此来实现学校扁平化管理。

1. 简化行政管理程序

在学校机构设置上,学校应尽可能地避免行政管理机构的重叠与臃肿,依照最低限度设置学校管理层级,以此来缩减管理层级。在管理人员安排上,学校应尽可能减少其数量,避免出现岗位人员过多现象,精心选择高素质的人才组成学校的管理队伍,保证行政管理队伍的高质量,以免出现行政人员过多而造成不必要的浪费。在管理工作操作上,学校应摒弃烦琐的行政流程,精简行政管理程序,减少不必要的行政审批和管理活动,使教师在教育教学中能专心于自己的本职工作,不受烦琐行政程序的干扰,从而充分发挥行政管理人员作用,提高其工作效率。

2. 加强各层级间沟通

学校科层式管理模式因受到"韦伯管理理论"与实践的影响,呈现出明显的等级特性。层级结构对一般的沟通是有效果的,因为层级将每个人的职责固定下来,重复相同的工作,工作目标及工作内容由上级一层一层传递下来,在这种形式下很少出现不利情况。但是这种方式忽视了行政管理人员的诉求,降低了不同层级之间沟通的效率,所以学校应允许特殊沟通方式的存在,以此来实现跨层级沟通,保证学校组织的顺利运行。

(三) 完善授权分权管理方式

学校科层式管理模式强调权威与服从,教师作为学校教育的承担者,参与管理的权力在这一体制下被弱化,成为遵循权威的机器。需要明确的是,教师处于命令链的下端,其权力被剥夺,进而导致这种管理模式缺乏对学校进行有效管理所必需的灵活性,不利于学校组织目标的实现。新公共管理理论主张政府集中并协调掌舵职能,让政策制定者可以更加有效地集中把握政策和方向,而把划桨的权力下放,使基层的管理者可以拥有一定的自主权力来改进公共服务和提高执行水平。

新公共管理理论这一思想对解决学校科层式管理模式现状、转变学校集权式管理方式具有一定的借鉴意义,下放权力给管理机构或授权给教师,使其拥有更多的自主权、独立性和其他权力来按自己的方式进行运作,真正地对自己的行为和决定负责。授权分权并不意味着失去控制,而是将学校管理机构的"掌舵"与"划桨"职能分开,使管理者更好地将自己的精力与时间集中于"掌舵"职能，教师和管理机构在授权分权中获得自主权，改变学校管理体制现状，促进学校组织的良性运转。所以，学校管理者应转变权威意识，努力完善学校授权分权机制，建立有利于民主和谐发展的管理体制。

（四）构建合理绩效管理机制

学校科层式管理模式下，效率成为学校追求的价值，使得量化的管理方式影响了教师的创造力，因此学校改革的重点应倾向于绩效管理的变革。随着改革的深入，学校绩效管理取得成效，在一定程度上推动了学校的发展。新公共管理理论中的一些核心观点，比如重视绩效评估、主张实施明确的绩效目标等，给学校绩效管理改革带来了新思路。

要建立科学的绩效评价目标体系，重视评价的质量和效益才是推动教师发展、实现地方高校教育目的的关键。高校要改变科层式管理体制下的过分强调学校管理效率的观念，树立以质量和效率为核心的绩效管理理念。要充分了解学校目前绩效管理的现状以及教师的诉求，在此基础之上重新制订一个合理的绩效评价方案，为学校绩效管理中的难题提出解决措施。在绩效评估中要加强对评估的指导、监督和调节。对绩效评估的效果进行分析，总结实践过程中出现的各种问题，以达到最佳的评估效果。

学校应不断丰富绩效评价模式，建立合理的绩效考核体系，创新教师评价模式，这不仅有利于教师评价的多元化，更有利于衡量学校各部门的工作效率。学校各个学科的教学目标、教育内容和教师个人素质存在差异，对于教师的评价应根据岗位制定不同的标准，将教师进行分类评价。这种分类评价机制可以有效地构建绩效考评体系，完善学校绩效管理模式。

建立完善合理的绩效激励竞争机制。在学校绩效评价中促进奖惩结合、绩效激励，能增强学校组织的凝聚力，能激发教师的创造力，促进教师自身能力的提高。在评估之后对教师进行物质激励或精神激励，也可根据教师职业的特殊性将绩效结果与教师职称评定、专业发展等方面结合。针对考评结果优秀的教师进行奖励，也要对结果不理想的教师实施相应惩罚，如减薪、降职、调离原岗位等。需要明确的是，惩罚只是一种调动教师积极性的手段，并不是绩效评价的最终目的。学校应大胆运用竞争思维，在绩效评价体系中加入"流动"性因素，不断完善绩效考核办法，对考核合格的教师进行奖励，对不合格的教师进行调换，适当实行末位淘汰制度，充分保持学校组织的活力。

在学校科层式管理体制的影响下，学校要想实现教育目标，促进学生发展，就必须重视教师的作用。教师是学校发展不可或缺的中坚力量，教师能力的提升和创造力的激发取决于学校绩效考评制度的合理性和科学性。在绩效指标设计中，要考虑地方高校的实际情况和发展目标，还要重视教师的专业发展，提升教师的认同感，发挥地方高校绩效考评制度的最大化作用。

第二节　参与式管理模式

一、相关概念界定

（一）参与

"参与"一词在《现代汉语词典》（第7版）中被解释为"参加（事务的计划、讨论、处理）"。

美国人力资源学者肯尼思·普瑞斯（Kenneth Preiss）认为真正的"参与"应该表现为："个体将自己的思想与情感大量投入团体环境之中。"在这种意义上，衡量是否参与的指标不是注重"形式上的摆样子，走过场"，而是注重"思想与情感名副其实地投入"。

德国组织管理学者布鲁克（Petr Brook）对"参与"的定义是："一个组织中处于较低层次的群体在行动上获得越来越大的自主权，能有越来越多的机会表达自己的观点、执行自己的决策权。"

这些定义的深层含义都指的是拥有正式权力的人对决策权的分担。由此，我们可以认识到"参与"的两个核心要素：第一，是否为主体的身份；第二，是否产生了影响。至此，我们可以将"参与"定义为，人们以主体的身份介入某项活动之中并对这项活动的过程和结果产生某种影响。师生参与高校管理指的是，高校师生以主体的身份参加学校的管理工作并对其产生一定的影响。

（二）管理

现代管理学能给高等学校提供很多理论基础和借鉴价值。关于"管理"，这一词的概念比较广，目前有一些研究者对这个问题有不同的观点。

据马克思列宁主义对管理的理论，管理是以科学的方式进行社会管理，是管理主体对整个社会系统的有意识影响，根据已定目标进行运营和发展。威廉·泰罗（William Taylor）认为管理是明确的艺术，确切是做什么和怎么做，使用最好和最准确的方法。胡志明认为管理是管理机关对管理对象的影响，明确一定的目标，促进整个系统的转变。梅友圭对管理的定义是，管理是领导者的一种特殊劳动形式，它汇集了智慧劳动的各种类型，将各种设备联系在一起，使其成为一个统一的整体，协调、配合各个阶段，展开有节奏的活动并形成有效的管理。阮文黎则认为管理是社会系统的科学和艺术，用适当的方法影响每个要素以实现既定目标。阮国志等人认为，管理有定向的目的，管理主体（管理者）对管理对象（被管理人）产生影响，在组织中使组织运作并实现其目标。同时，还明确了管理活动是，通过应用计划（组织）职能、组织和指导（领导）来实现组织的目标。

基于以上对管理的界定，管理是人类社会中长期存在的活动，也是社会中常见的活动。在生活发展过程中，因人类与大自然存在斗争，所以人们需要团结、保护自己和维持生计。管理最初的表现是通过组织、指导、控制一些活动来实现共同目标。管理活动早已出现并经历了从落后社会到文明社会的整个过程，同时管理活动也发展得越来越完善，并成为一个普遍的活动。根据管理对象可以将管理分为宏观管理和微观管理。在教育领域，宏观管理就是国家教育管理，微观管理就是学校在教育中的管理。

（三）参与式管理

参与式管理强调以人为本，与传统权威式管理的风格不同，它的基本理念就是赋予被管理者实施决策的参与权。参与式管理强调横向的组织与平行的沟通，管理者主要负责协调工作、进行沟通。参与式管理很少采用命令的控制方式，它让被管理者有机会参与管理层的决策及相应的管理过程，能提高对组织的认同感和工作的执行效果。

大学生有参与决策、参与管理的意愿，也具有一定的参与管理的能力。但大学生毕竟还处在一个心理日趋成熟的过程中，世界观、人生观、价值观还未完全定型。因此，高校学生参与式管理应该定位于鼓励学生参与学生管理工作，采用参与和指导并重及部分参与的方式实施参与式管理。管理者主动把学生当成管理的一个重要的主体，学生才能以主人翁的角色去落实和完成一些学生管理的目标和任务，从而真正达到大学生思想政治教育和日常管理的良好效果。

二、参与式管理模式的实施对策

（一）认同多元主体协同参与的理念

参与认知是参与的第一要义，是参与的前提和内在动力。目前绝大多数大学生还没有意识到参与的内在核心，并不清楚参与学校管理是自己的一项合法权利，仅仅着眼于个人利益或眼前利益，包括锻炼自身能力、为升学或就业积累资本抑或解决目前的实际困难等，并未从宏观的学生群体利益出发去考虑地方高校管理问题。如果学生的参与意识不强，那最终的参与结果必然不会理想。因此，要想让学生的参与富有成效，学生首先应该明确自身的参与主体地位，增强参与认知，明确参与学校管理是履行一项合法权利和为学校尽义务，从而以主人翁的心态为学校发展贡献自己的力量。

在地方高校管理中，不仅需要学生增强参与意识，学校管理者更需要从根本上转变思维、承认学生的主体地位、认同学生参与的理念，因为制度制定者的价值理念直接决定了制度本身，换句话说，学生是否有参与权、参与的程度如何，根本在于地方高校制度的制定者。因此，学生参与地方高校管理的必要条件是学校领导层改变传统的管理理念，承认学生参与的合法地位，认识到学生参与对学校发展的重要意义，真正认同多元主体共同参与的现代管理理念。

综合以上两点，只有当学生和地方高校管理者关于学生参与这一问题的认知达成一致，二者都认识到学生参与的重要性的时候，学生参与才能落到实处。但相比之下，学校方面对此问题的影响显然要更大一些。第一，学校方面掌握着话语权；第二，学校对学生有直接的引导作用。因此，地方高校管理者对此问题的认知至关重要，这就要求学校领导层打破传统管理理念的束缚，积极学习国内外先进的管理理念。在此基础上，地方高校管理者应注重参与的宣传，积极鼓励学生发表个人意见，接纳学生的建议，为其提供更多的参与空间。这样一来，学生在学校营造的良好参与氛围下自然会由原先的关注自己转为更加关注校园，从而实现学生参与管理的良性循环。

（二）完善大学生参与管理制度与运行机制

我国高校传统的管理结构是一种自上而下的管理体系，学生在学校管理层次中处于最低层，是被管理和教育的对象，需要按照学校管理层发出的指令行动。这种管理体系往往导致学生成为一种被忽视、不被承认的力量。要想改变学生的被动和从属地位，实现学生主体参与和平等对话，必须要创建一个有效的学生参与环境。在这个环境中，必须明确学生参与的机构组织制度和运行制度，其中，机构组织制度即明确规定设置代表学生利益的组织及其职责权限的制度；运行制度即保障学生通过某种渠道表达自己意见的制度。

1. 设立科学的管理系统

要根据地方高校的实际情况和发展特点，尊重学生的意见，建立合理有效的管理制度。同时，在管理的规划和实施上，高校的领导要听取和考虑学生团体的意见，以满足学生的诉求。具体而言，要依据大学生参与学校管理的基本法规、权利和义务，设立一个合理的管理系统，并为参与者提供清晰的法规和实施方法，以确保明白度和可行度。如果已经有学生参与的管理系统未完善，那就要按照实际来完善以符合学生的愿望和利益。换句话说，只有实现学生参与管理系统的完善才能让学生全面地参与进来。为了使学生参与学校管理能够取得好的效果，更要建立一个完整的管理系统。

（1）建立和完善学生代表大会

学生代表大会应作为学生中的最高权力机构，在民主集中制原则的基础上充分发挥其两个职能：一是代表学生利益，维护学生的合法权益不受侵害；二是引导学生积极参与学校管理，履行学生的民主权利。学生代表大会的一项重要工作就是负责广泛征集和认真审核各学生代表的提案，将其中有价值的提案筛选出来报送给校务委员会并陈述各提案的核心价值、参与讨论的有效性，然后将校务委员会的反馈结果在学生代表大会上进行公布并再次征求学生代表意见。大学生代表大会的体系需要改善，这样才能确保所有的学生都能有机会参与。要公平地选择学生代表，避免内部选择，也避免学生不满意。选择学生代表也要公平分布在每个部门，以确保将学生的意见充分传达给校务委员会。学生代表的品德也要注重培养，让其以高度的责任感参与。

（2）建立和健全管理信息的制度

学生有权通过学校的管理信息系统详细了解有关学校各个管理部门的内容和形式，这是确保学生享有的权利基础和了解清楚自己的要求来选择参与管理的部门。另外，信息公开制度要保证真实、正确和完整，这样学生参与学校管理才能有好效果。

（3）建立意见接收系统

意见接收系统是确保学生真正参与管理的基本系统之一，也是学生参与管理时有权获得咨询的基本保证。学生可以根据自己的需要，自由表达自己的观点和内心想法，以限制和调整高校不适当的行政管理行为。校领导应充分听取学生的意见，妥善处理，并采纳最好的意见，这样可以使信息接收系统在对学生的管理过程中有效地发挥其监督作用。

（4）设立投诉系统

这是用来保护学生的权利，也是有关学生参与学校管理的具体内容。在学生参与管理活动的过程中，遇到问题、对学校管理层不满意或者认为学校行政管理侵犯了其正当权益，他们可以提出投诉。该系统是学生投诉权的基本保证，并允许学生行使对学校管理活动参与的监督权。虽然《中华人民共和国教育法》和《普通高等学校学生管理规定》中对学生的申诉权都有明确规定，但在实际执行中对于违规、违纪等学生处理问题，学生本人是没有机会参与的。显然，这种处理程序有悖于学生申诉制度的规定，导致学生申诉制度"有名无实"。其原因就是相关规定中只明确了权利而没细化制度，导致地方高校在人员配置、受理范围、执行程序等各方面随意性较大。部分地方高校的现行办法规定，学校领导和行政职能部门负责人在申诉委员会中占主要部分，学生群体没有名额或者只占极小的比例，而且更重要的是申诉处理部门与学生管理职能部门人员高度重叠，相当于"换汤不换药"。这些都违背了申诉委员会的工作性质，难以保证实际效果。因此，申诉委员会需要严格规范人员构成，提高学生群体在委员会的人数比例，并邀请相关领域的专家作为委员会的成员，这样才能保障和维护学生参与学校管理的权利。同时，为了避免形式主义，要求申诉委员会对申诉事件进行全面细致的调查，给出任何结论都要做到有理有据。

（5）制定指导学生参与管理的系统

根据学校的实际情况，充分考虑学生的建议和意见，比如参与学校管理在什么程度、什么范围和什么方面来调整。在指导学生参与管理的系统中，可以通过提供选修课来向学生传授相关的理论知识，然后通过提供实践课程来实现学生的实际体验效果。这种方法可以让学生提高知识水平和参与管理的能力。同时，也可以激励学生有效地保护自己的权益，促进自己的发展。

此外，参与学校管理的方式也很重要，要根据学生参与学校管理的需求来完善组织方法。具体体现在三个方面：其一，促进学生参加与学校校长、院长的座谈。其二，学生管理部门应坚持以学生服务为中心，做好自己的工作，并向学校的领导反映与学生有关的问题。在负责学生管理工作中，需要有专门的老师来作为协调并作为学校领导与学生之间的桥梁，处理有关的问题。其三，一些学生组织如学生会、学生协会或者一些自愿的组织等要优先考虑学生的利益并帮助解决学生参与学校管理时产生的冲突和问题，以更好地保护学生的合法权益。

2. 设立大学生参与管理的长效运行机制

在大学生参与地方高校的管理中，完成参与机制的建立是确保学生参与的基本条件。地方高校必须继续创新参与的模式，以保证学生在管理系统中的地位从被动参加转换成主动参与，从而帮助学生充分参与。

（1）完善决策机制

学生参与地方高校的管理，提出合理的决策是最基本的条件，也是确保大多数决策正确的前提。这样可以满足学生的要求，并提高学生对学校决定的认识。增设学生公投制度，即学校管理者在制定某项与学生密切相关又存在较大分歧的规章制度之前可采用全体学生公投的方式来了解学生意愿。虽然这种方式的管理成本较高，不适用于常规性的学生参与，但这种参与形式是现代管理体制中最直接、最民主的管理形式，也是日常管理的一种补充机制。学生公投制度能以最直接的形式对学生的集体意见进行反馈，从而纠正学校管理中可能出现的违背学生权益诉求的偏差。

（2）完善运行机制

管理者有责任帮助学生参与学校有关的管理，以确保学生能顺利参与学校管理工作，让学生参与的管理工作产生好效果。学校领导和教师在管理过程中要加强与学生沟通与交流，及时发现学生参与学校管理活动时遇到的问题，然后跟学生联系并帮助学生更好地解决问题，确保学生有序地参与学校管理。根据政策、现行规定和实际情况，地方高校要了解和研究具体的管理工作措施和详细的法规以确保机制有效运行。

（3）完善保障机制

保障机制的主要作用是确保学生参与大学管理的公平环境。保障机制主要包括三个方面：一是必须为参与地方高校管理的学生提供必要的人身安全。二是提供设备和工具并成立专业组织，即建立相应的服务组织，根据学生的需要建立合理的规章制度等。三是学校的管理者要做好自己的工作，采取适当的管理措施并提高效率。

（4）完善反馈机制

反馈机制对学生参与学校管理非常重要，它充分体现了大学生的需求。该机制主要是让学生在参与学校管理的过程中与相关部门和管理层进行对话。反馈还为学生参与管理提供了有效的重要保证。没有反馈，学生在参加学校管理时将不会参与互动。学生提出意见、个人观点是希望管理部门收到信息后进行处理和反馈，从而让自己可以了解事务的处理情况，并让自己的意见受到尊重。如此，学生与学校之间的互动才能使学生参与产生重大效果。

（5）完善沟通机制

为了防止学生的声音"石沉大海"，高校可增设校长在线、校长信箱等网络沟通方式，学生可以通过电子邮件的形式直接将自己的意见或建议传递给学校领导，如此，学生的意见可直达校方，减少了中间环节，校方也能高效地收集和反馈学生意见，大大缩减了时间和人力成本。沟通机制是确保学生与地方高校管理者之间沟通的条件。要设立和改进学校信息官网，通过建立互动平台为学生开放相关信息，把相关信息上传到学校的官网便于学生随时下载。另外，学生的意见可以通过管理者向学生提出问题来解决，如遇到重大决策时，地方高校管理者可以通过问卷调查征求学生的意见，以确保决策科学性和民主性。

（6）完善激励机制

学校可以以精神和物质两种形式来鼓励学生参与学校的管理。首先，学校必须让学生承担一定的责任。责任就是让学生有"使命感"，让他们积极参与学校管理。其次，通过授予某些头衔来鼓励学生的精神。最后，录取留校工作人员时，可优先考虑参与学校管理的学生。

（三）明确大学生参与管理的权限边界

虽然地方高校民主管理强调学生的参与，但任何事情都有它相应的边界，绝不能因为提倡一方面就盲目而极端地摒弃另一方面。同样，学生的参与也绝不是一蹴而就、立竿见影的，尤其目前还处在探索阶段，应该根据实际情况进行小步走、酌情参与。否则，一旦出现"跨越式参与"或"超能力参与"就会导致参与失衡，引发严重后果。可见，我们提倡的是"有效参与"而不仅仅是"积极参与"。因此，明确地方高校管理中学生的参与边界问题就显得至关重要，这也是需要地方高校着重思考的问题。

针对学生参与的权限边界问题，我国著名思想家、教育家陶行知先生曾提出过几个标准：第一，以学生应该负责的事体为限，学生愿意负责又有能力负责的事体，均可列入其中；反之，亦然。第二，事体之愈要观察周到的，愈宜学生共同负责。第三，事体参与的人愈宜普及的，愈宜学生共同负责，共同自治。在依据以上三种标准确定学生参与的范围时，还须考虑学生是否有足够的经验。

上述内容在确定学生参与范围时都强调了"参与相关性"和"参与能力"这两个关键指标。因此，只有当某项参与内容与学生切身利益密切相关且学生有足够的能力承担时，学生才应该参与其中，二者缺一不可。另外，针对不同的地方高校事务，应该实现不同程度的参与，做到因"事"而异。例如，教学事务、学生事务、后勤事务与学生的相关性较高，对于其中学生有能力参与的部分，学校应让学生尽可能广泛地参与进来；而学校行政等方面的事务与学生的相关性不大，学生则不需要参与。

虽然学生参与存在权限边界，但任何事物都是不断发展的。学生参与也一样。学生应当不断地提升自己的参与能力，争取逐渐扩大参与范围，更广泛地参与到学校的管理之中。提升学生的参与能力需要学生和学校共同努力来实现。

学生方面，应自觉地丰富各方面尤其是管理学方面的知识储备，不断拓宽自己的眼界；要积极争取各种参与机会，在实践中锻炼自己的统筹和协调能力。

学校方面，应积极开展相关的培训，与学生分享参与的理念及相关知识，可以采取专题讲座、研讨会、专项培训班等方式；让学生自行策划、组织、实施一些综合性较强的主题活动，在实践中锻炼学生协调规划和解决问题的能力；广开言路，鼓励学生献言献策，积极采纳学生提出的对学校管理有利的意见和建议，设置适当的学生岗位让其参与学校的共同管理。

（四）培养大学生公共参与的积极态度

大学生对公共参与的态度会直接影响他们公共参与的意向，只有形成家庭、学校和社会的立体支持网络，才能更好地培养大学生积极的公共参与态度。学生公共参与既可以提升自己的综合素质，也可以帮助他人。学校是教育学生的重要基地，大学校园承担着教育大学生的职责。因此，地方高校可以整合社会资源，开设相关课程或组织公共参与的相关活动，如学雷锋活动、服务社区活动，通过老师或同学的经验交流、事迹分享，让同学们感受到公共参与的价值和乐趣。此外，也可以将参与公共事务与评优评奖挂钩，如参与福利院、医院的志愿活动，通过学生组织进行考评，让学生获得一定的量化分，从而提高学生走出校门参与公共事务的积极性。此外，转变大学生对公共参与的态度，不仅需要学校的努力，更需要家庭的参与。家长应从小培养孩子对公共事务参与的热情，通过参与社区公共事务，如参与志愿活动，或者带领孩子参与社区管理等活动，从身边的小事培养孩子的主人翁意识、奉献意识，从而促使其将来积极参与学校和社会的公共事务。

(五)创造大学生参与管理的良好条件

学生公共参与是有一定条件的,且在公共参与时受内在、外在条件的制约。

内在条件的制约主要体现为参与的效能感较低,因此学生应建立自己的自信心,相信自己可以参与公共事务。可以从身边的小事做起,如给学校食堂、宿舍或教学管理提建议,或者参与爱心捐赠等能力要求较低的活动,从而增加自己参与的成就感和自信心。由于参与社区管理、行政事务有更高的能力要求,可能会让学生产生畏难心理,因此,学校可以定期开展相关的培训课程和体验活动,提升大学生参与公共事务的积极性和自信心。

外在条件的制约主要体现为公共参与信息、机会的缺乏以及参与渠道的不畅通。学校应积极组织公共参与活动,或者是成为校内学生社团与校外公共参与组织的桥梁,让学生获取公共参与活动的信息。可以在校园网站、QQ群、微信群或专门的学生组织群发布相关消息,从而使每一个想参与公共事务的同学都能获得丰富的信息。学校既要发现公共参与的资源,也应增加公共参与的资源。既可以与社区、政府、养老院和博物馆联合开展相关活动,也可以充分发挥校内学生组织、社团的积极作用,从而增加学生参与公共事务的机会。通过整合校内、校外资源增加大学生公共参与的机会,既能提升大学生自身的综合素质和能力,也能帮助需要帮助的人。丰富的公共参与资源,可以在活动中增强学生的参与感,培养学生的道德品质和社会责任感。

第三节 服务型管理模式

一、地方高校服务型管理概述

(一)地方高校服务型管理内涵

地方高校服务型管理,顾名思义,就是在高校管理内部,建立一种新的师生管理体系,采用管理与服务相结合的服务型管理方式,树立以人为本的核心理念,尊重教师和学生的主体地位,坚持以满足教师、学生和相关社会部门及利益体的需求为导向,通过强化服务意识,建立并运用科学的、民主的管理方式和管理机制,提供优质高效服务。

管理理念、管理方式、管理职能、服务对象及体制结构是分析服务型管理内涵的五个方面。

从管理理念上看，管理人员要完成由管理者向服务者的角色转变，树立"管理就是服务"的服务理念，尊重教师和学生的主体地位，发挥服务教学的主观能动性。

从管理方式上看，管理部门的工作方式不再是传统的命令式和单方面的指令式，而是采用民主的管理方式和监督体系，充分考虑师生的需求和意见，征求广大师生的想法和建议，在管理过程中做到公平、公正、公开、透明，接受师生及相关社会部门及利益体的监督。

从管理职能上看，管理工作是为教学活动而服务的，保障教学活动和科研活动稳定有序是管理部门的首要职能。

从服务对象上看，地方高校的五大职能是人才培养、科学研究、社会服务、文化传承创新和国际交流合作，这就说明学生、教师以及与学校有关的社会部门和相关利益体是其服务对象。

从体制结构上看，目前我国地方高校实行的是党委领导下的校长负责制，其要求发挥学术委员会、教职工代表大会的监督作用，督促管理部门为师生提供有效服务。

（二）地方高校服务型管理特点

1. 坚持以服务理念为主导

地方高校打破传统的、生硬的管理方式，采用管理与服务相结合的管理方式，首先是管理人员思想理念的转变，高校的管理者不再是高高在上的管理者，而是服务者；高校的师生，不再是高校管理的对象，而是高校服务的享受者。管理人员在以人为本理念的指引下，在学校的教学活动、学生管理、科学研究、员工职称评定等方面，以服务师生、服务教学活动、服务科学研究为出发点，创新服务方式和服务内容，提升服务质量和服务水平。

2. 参与主体具有广泛性

在传统的高校管理中，学校事务的决策权集中在高校领导层，而学校的师生只能作为管理的客体，属于被管理者。在地方高校服务型管理中，高校的师生不仅仅是学校的被管理者，也是学校的管理者。在学校的管理中，管理人员要尊重教师和学生的主体地位，积极听取和采纳师生的意见，师生也有权利参与高校的管理、发展和建设，并且具有一定的发言权，从而保证学校事务管理决策的民主性，形成高校服务人员和服务对象共同参与、共同管理、相互合作、相互促进的局面。

3. 信息公开与民主监督

在地方高校服务型管理中，信息公开和民主监督是其重要特征，本着政务公开公正及服务客体有知情权的原则，高校管理部门按照相关制度规定，有责任也有义务向高校师生、家长及相关社会机构通过线上线下的方式公布详细信息，使高校的决策结果和管理政策处于公开、透明的状态。作为服务对象的客体有权了解学校事务管理，并对管理部门行使监督权，在对管理决策存在异议的时候，可以向相关部门行使申诉权。

4. 事务处理具有高效性

科学有效、方便快捷的沟通回应机制是高校事务处理高效性的重要保障。高校管理部门与服务客体之间有效的沟通和联系，使得管理部门能第一时间了解服务客体在教学活动、科研计划、就业指导、后勤管理等方面的需求，并及时做出回应，有效地解决服务对象提出的各种问题，以最快的速度提供优质的服务。

二、地方高校服务型管理模式的内涵及特点

正因为高校组织具有不同于其他社会组织的特殊属性，所以在地方高校行政组织体系构建过程中，地方高校行政机构设立的根本目标应是为地方高校的教学与科研服务。这种服务型行政管理模式除了具有一般公共行政服务的特征，还具有自身的独特之处。

地方高校服务型管理模式在理念、内容与运行模式上与公共行政服务基本相同。在理念上，是从管理到服务；在内容上，是确保公开和公正；在运行模式上，强调行政服务。与此同时，地方高校服务型管理模式还具有区别于一般公共行政服务的特点，即专业性、稳定性和超前性。首先，高校行政管理的服务对象主要是具有较高学识与素养的教师、科研人员以及渴求知识、标新立异的大学生，这就要求高校行政管理人员除了具备一般的管理理论和技能，还要具备较丰富的岗位专业知识与专业技能，拥有及时更新知识与理念的学习与创新能力。其次，高校行政管理的服务对象主要面向的是高校师生，服务对象较为固定。最后，高等学校在社会文化方面要发挥引领作用，这就要求高校行政机构的服务内容要具有一定的及时性和超前性。

我国高等教育已经步入普及化的发展阶段，其改革与发展面临着新的要求与挑战。地方高校行政机构在行政管理工作中，需要转变传统粗放式的管理理念与方式，充分发挥自身的服务职能，坚持"以人为本"的理念，将高校全体师生的需求作为工作导向，强化行政管理的服务意识，为全校师生提供最优质的服务。此外，还要不断完善地方高校行政管理规章制度，有效规避地方高校行政权力的过度强化，从而推动我国高等教育事业的良性健康发展。

三、地方高校服务型管理模式的原则

（一）以人为本的原则

人才培养是地方高校履行五大职能的首要职能，以立德树人为根本任务，本质上是做人的工作，所以应该坚持以人为本的原则。以育人为中心，一切为了人，一切依靠人，将服务放在第一位。高校作为一个机构，不论是运行事务还是开展校园活动，都要通过全方位开展服务来实现地方高校的职能。

地方高校行政服务应当坚持以人为本的原则，推动和谐校园的建设，推进各种教育要素全面、协调、可持续发展。地方高校的行政服务连接着校园内外各种活动，与和谐校园的建设密切相关。要使地方高校行政服务能够更好地发展，必须坚持以人为本的原则，运用现代化的服务方式做好组织保障、制度保障和机制保障，使服务成为地方高校转变职能，创新管理体制的事关全局性、基础性的教育手段和载体。

（二）统筹兼顾效率与公平的原则

在地方高校服务型管理过程中，以简单为基础，以行之有效为目的，遵循和谐的要求，减少不必要的中间环节，构建扁平化的行政管理组织，最大限度地发挥地方高校行政管理的效能，形成科学的行政管理机制。这就需要地方高校坚持统筹兼顾效率与公平的原则。

效率与公平都是地方高校所追求的价值，效率和公平的取舍与平衡影响地方高校行政服务能力的提升。统筹兼顾效率与公平的原则是为处理高校内部矛盾而做出的价值选择，即符合效率要求，符合教师、学生等不同利益相关者对地方高校的认同以及公平价值的期望。通过统筹兼顾效率与公平，做到最大化保障地方高校各项职能的实现和更好发挥，不断提升管理效率，增添师生福祉。

（三）遵循高等教育发展规律的原则

高等教育有其自身发展的规律，地方高校职能的实现和地方高校的管理有着密不可分的关系。地方高校管理职能的发挥，必须以遵循高等教育的发展规律为前提，以实现地方高校职能为出发点，以实现地方高校教育目的为依据。地方高校管理目标的实现，必须要有合理的管理机构和科学的管理制度。在行使地方高校管理职能的过程中，必须尊重地方高校的实际情况，立足现实，展望未来，在保持相对稳定性的同时具有前瞻性。

（四）坚持可持续发展的原则

现阶段，社会经济得到迅速发展，各项改革创新也在持续推进，因此，地方高校的建设也需要进一步推进。而要加强地方高校建设，首先要增强自身能力，这需要行政人员提高自身的素质，丰富专业技能。所以，提升行政主体的素质是地方高校行政服务建设的重中之重。当前和今后一段时期，加强地方高校行政服务能力的主要任务和目标是，通过地方高校行政管理部门和行政管理队伍的齐心协力、改革创新，进行工作流程的更新和制度创新，将更具顶层设计、更以人为本的政策、更管用的措施运用到学校管理制度中，不断提高地方高校管理水平和服务能力，建设适应于人才培养、科学研究、社会服务、文化传承创新和国际交流合作五大职能要求、服务于地方高校发展战略的保障体系，促进地方高校的科学发展和民主管理，从而办好人民满意的教育，培养德、智、体、美、劳全面发展的社会主义建设者和接班人。高校作为人类文明进步的一个组织，具有传承性和可持续性，高校的传承性体现在高校发展战略方面，高校发展战略的可持续性体现在高校管理机构设置的可持续性、管理人员配置的可持续性、管理方式的可持续性和管理理念的可持续性等方面。

（五）尊重和保障学术自由的原则

现代大学制度主要以党委领导、校长负责、教授治学、民主管理为基本架构。党委领导、校长负责和教授治学这三方面，涵盖了高校的三大资源（政治资源、行政资源和学术资源），反映了高校三大资源的优化配置问题。能否实现高校三大资源的最优配置，始终是衡量高校管理质量与效率高低的根本标准。教学是一个学校的主体工作，教学质量的好坏关系学校今后的发展。尊重学术，为教师教学提供服务，是行政人员的主要任务。行政人员需要树立尊重学术，重视教学科研的行政服务意识，保障学校的教育教学活动，提升行政服务能力。

高校的本质是以学术为中心，追求创新，创新的根源在于思想的创新、理念的创新、方式的创新、知识的创新、科学技术的创新等。创新的前提是学术自由。换言之，一所不具有或者不提倡学术自由的高校，其发展前途堪忧。地方高校的发展需要以合理的管理机构和科学的管理方式为保障，以此来保证和促进地方高校的学术自由，保证高校能不断地与社会、其他地方高校等外界保持信息交换的畅通性，获取新鲜的能量和血液，保证创新资源和创新理念源源不断地引入地方高校。

四、地方高校服务型管理模式的实施对策

（一）完善制度管理

1.优化职能机构设置

地方高校的职能机构是在外部因素的影响下具有一定关系的一种形式。地方高校职能机构的优劣，直接影响地方高校职能的发挥和战略目标的实现。地方高校的职能机构分为管理职能机构和学科职能机构。管理职能机构是指地方高校党政管理部门和团体组织，学科职能机构是指学科设置的学术管理机构。管理职能机构为学科职能机构提供服务、咨询和协调。地方高校职能机构的变化主要包括职能机构的调整、职能机构的增减以及职能机构之间职责、权限、隶属关系的重新划分和界定。

就目前来看，我国部分地方高校都设立了较多的办事机构，并且热衷于将工作细化，将内部划分为若干个机构，导致人员的不断膨胀，造成机构臃肿。这主要是由工作职能划分的重叠和混乱所致。在这方面，我们应该优化职能机构设置，也就是明确职责所在，落实责任到人。

行政内部组织结构的变革，需要优化部门设置，减少重叠，整合部门职能，提高管理效率。目前，国内外都有对组织结构改革的举措，很值得借鉴。为了提高地方高校的综合能力和竞争水平，必须重视对职能机构设置的完善。职能机构的设置应当围绕地方高校办学的基本职能进行，其核心工作应当突出关键职能，行政部门不仅要实现职能机构体系的完整性，还要坚持简化、高效的原则。

2. 规范管理制度体系

规范制度体系，对于地方高校行政服务能力提升具有决定作用。要提升行政服务能力，必须以规范的文件规定资金保障、技术保障的范围，以确保行政人员遵守相关工作的准则。规范化管理是加强行政服务建设管理、实现行政服务建设目标的一项基础性、长期性的工作，是新形势下行政服务管理工作方式方法的创新与发展，是又好又快地实现行政服务建设的保障。

按照现代大学制度的要求，"完善高校内部治理机制的基础和核心是完善党委领导下的校长负责制，避免由校长领导下的行政和学术的发展缺失方向性、指导性和目标"。高校应坚持和完善党委领导下的校长负责制，确保党委在高校内部治理体系中的领导核心作用。完善高校章程，形成以章程为核心、专项配套制度为支撑的管理制度体系，健全自主管理、民主监督、社会参与的管理机制。

3. 健全高校内部运行机制

地方高校行政管理内部运行机制的健全完善和运行的顺畅高效，是地方高校行政服务能力提升的保障和基础。因此，建立高效的内部运行机制十分重要。

现代高校的内部运行机制应当包括以下几个方面：科学决策机制、权力均衡机制、综合协调机制、资源配置机制、竞争激励机制、质量监控机制、科研创新机制、后勤保障机制。高效的内部运行机制可以有效地提高高校行政服务的灵活性和适应性，以便更好地应对突发事件、临时任务以及紧急情况。只有建立和完善这几个方面的内部运行机制，并且依据工作的实际需求不断加以完善和改进，才能取得更好的行政服务效果。

（二）建立健全为师生服务的保障体系

在地方高校管理中推行服务优化的管理方式，落实以师生为本的服务理念，建立以师生为主体的服务体系，确保地方高校的服务职能得以充分发挥，这些都离不开健全完善的保障体系。

1. 树立为师生服务的管理理念

服务理念在地方高校中得以推广与应用，其前提是思想观念的转变。服务理念的树立，需要自上而下的推广实施。政府部门在宏观层面上给予引导和鼓励，制定明确的服务政策并确保政策得以全面贯彻执行；地方高校的领导层，根据地方高校管理政策和方针，结合学校实际情况，制定切实可行的规章制度，明确规范行政人员行为准则；地方高校的管理部门和人员则是地方高校各项政策的具体实施者，是政策执行水平和管理水平的代言人。服务理念在地方高校管理中的推行和优化，有赖于管理人员的实际行动。管理人员本着以服务为导向的价值观，以学校教师为本，以学生为本，充分考虑学校师生的需求。在地方高校具体事务处理中，管理部门按照法律规定及学校相关制度为师生做好服务工作，以高层次的服务理念和高质量的服务态度对待服务对象，并且在特殊情况下能够发挥主动性，灵活处理，从而使地方高校的管理更人性化。

在地方高校管理中优化服务理念，需自上而下全面破除"官本位"思想。

首先，对于高等教育的主管部门，在地方高校中推行"放管服"的理念，对地方高校的管理不再完全是指令式、强制性的，而是将管理权力逐渐下放至地方高校，扩大地方高校自主管理权。在服务理念的指导下，高等教育主管部门制定的各项政策和管理方针，以服务地方高校为前提，最终目的是促进地方高校建设的进程，推动高等教育的发展与进步。

其次，作为地方高校的领导层，代表的是整个学校，对整个学校负责，要本着以服务学校、服务师生的发展理念，确保地方高校各项规章制度的制定是以地方高校实际情况为出发点，是以提升地方高校教学科研水平为方向，是以推动地方高校长久发展为最终目标。

最后，作为地方高校的管理人员，是地方高校服务理念的实际执行者。管理人员不再是管理者，而是地方高校各类活动的服务者，是为师生、为教学科研服务的具体执行者，用服务的理念对待地方高校管理的各项事宜，从而在地方高校中营造服务的氛围。教师兼具服务客体和服务主体的双重身份，服务的对象是地方高校的学生，而学生必须要尊重教师和管理人员的服务。服务理念的持续输入，以及地方高校教师服务理念的实际践行，促使学生将服务理念内化于心，将来以服务的意识服务社会、回报社会。

2. 建立健全服务师生的保障体系

健全、完善的保障体系，是任何体系建立和发展不可或缺的因素。高质量的服务水平是地方高校服务型管理的一个重要体现，也是一个重要的衡量指标。服务水平的提升，需要完善的保障体系来支撑。

首先，在人员保障方面，必须要建立一支高素质、专业化的人员队伍，为提升地方高校服务水平提供强有力的人才支持。系统的专业知识、扎实的工作作风、过硬的专业技能、较高的工作素养是管理人员必备的专业素质，也是提升服务水平的关键要素。因此，管理人员队伍的建设，离不开其自我学习、自我提升以及地方高校对其培训。通过政治理论学习、文化学习和专业技能培训学习，每位管理人员树立真正为师生服务的意识，并切实将服务意识落实到为地方高校服务的具体行动上，将理论知识运用到实际工作中，提升在实际工作中处理问题的能力，提高服务水平。

其次，在物质保障方面，不断拓宽资金来源渠道，利用多元化的投资渠道，筹措办学资金，加大对地方高校基础设施建设的投入。办公设施齐全、教学设备先进、图书资源丰富、后勤保障到位，都是提升服务水平的重要手段，使教师的教育教学活动和科研活动、学生的学习和生活环境有强大的物质保障和技术支持，使师生能全身心地投入教与学之中。

最后，在法律保障方面，不断完善立法程序和健全地方高校法律法规体系，不断细化地方高校管理规则，以维护师生权益为出发点，明确教育管理中不同主体的权利和义务，使各项管理能够做到有法可依、有章可循，为地方高校服务水平的提升提供强有力的法律保障。

（三）健全治理机制

大学治理符合治理理论中多元治理特征，除了高校与政府，还要注重社会方面。完善治理机制，在于治理所涉及的主体、资源、功能等要素的整合创新，除确保大学拥有办学自主权以外，还需引入市场竞争机制，健全社会参与。通过社会力量、第三方等参与大学治理，形成多元力量相互平衡支撑、良性协调发展机制和运行状态，是实现大学治理的重要抓手，也是地方高校行政服务能力提升的关键。

1. 创新用人选拔机制

新时代下选拔人才、使用人才的工作已经引起高度关注，提出更新更高要求。树立新的用人理念是行政服务能力提升的必要前提。在新的形势下，要进一步创新用人选拔机制，优化人才队伍。

行政服务能力的提升要求改变过时、陈旧的用人观念，鼓励创新、竞争的新的用人理念。建立强有力的行政服务队伍，是加强行政服务的根本保证。在更广泛的范围内选拔和任用行政主体，在更广阔的视野中整合高校行政主体的人力资源，层层筛选策划能力、服务能力强的人作为提拔对象，成为提升行政主体素质的主要途径。因此，在挑选人员过程中，要打破以往高校行政主体选拔中重学历等方面的现象，在选用人才时应遵循公平、公正、公开的原则，强调行政人员对岗位的适应能力；应选拔具有较强执行能力的人员，从基层做起，逐步提高行政服务能力，培养其较强的工作技能，把在某些工作方面有特长的行政人员优先放在重要的位置上，使他们各尽其能。

没有创新就没有发展，没有创新就没有特色。创新能力是地方高校行政服务能力提升的关键。面对地方高校之间日益激烈的竞争，地方高校行政人员必须具备创新精神，促进学校事业的良好快速发展。大学生是充满生机和活力的新时代的代表。大学教育的一个重要目标是培养有活力、有竞争力、有创造力的人才，地方高校应该走特色发展创新之路。此外，地方高校行政人员必须与时俱进，面对大学的发展，他们可以走出一条兼收并蓄、勇于创新、以创新求发展、以创新促发展的道路。

2. 服务项目社会化

随着地方高校后勤社会化改革的逐步深化，地方高校逐渐意识到服务外包的重要性，越来越多地方高校根据自身需求寻求外包服务，开始由传统行政管理模式向专业管理型模式转变。地方高校行政服务的系列辅助性服务保障工作，选择交由专业的服务供应方承办，实施市场化、社会化、专业化、规范化管理，是为全体师生提供更优质服务的一种选择，以此来提高学校行政服务水平和服务质量。

服务项目按地方高校的需求而设置，服务项目需要顺应社会发展，促进共同发展。服务项目社会化是一种发展趋势，且在地方高校中的比例和范围也在迅速上升和扩大。除了传统的物业管理、安保，服务项目社会化逐渐扩大到地方高校就业指导服务、课程服务、医疗服务、培训服务等教育管理的核心方面。

服务项目社会化需遵循地方高校主导原则，通过外包合同明确双方的责任和权利，加强行政服务执行机制的协调和效率，以目标为导向，达到供给服务与地方高校管理、师生需求相匹配，以及跟踪师生在接受服务外包后所反馈的信息，后续对服务质量进行不断优化改善，可以实现地方高校管理体制创新、注入市场活力、有效降低成本、优化资源配置、提供专业服务、提高管理效率等目标。

（四）以服务为导向建立健全管理机制

健全的管理机制是地方高校管理工作得以顺利进行的重要保障，是地方高校教学科研活动得以实现的有效途径。管理机制是否得到有效实施，在很大程度上是由管理部门和管理人员来决定的。因此，加强管理人员的服务理念引导和制度管理，规范管理人员行为，调动工作人员积极性，明确部门职责，激发部门人员协同办公意识，是建立健全管理机制的前提条件。

1. 建立健全激励考核机制，激发管理人员服务意识

加强各部门之间的协调运行，提高师生与管理部门之间的沟通效率，推动地方高校教学活动和科学研究得以顺利开展，提升学校人才培养和服务社会的质量，实现地方高校人力资源的最优配置，地方高校管理必须坚持以服务为导向，建立科学、合理、公正的激励机制。

地方高校服务对象广泛，涉及师生、家长和学校相关利益者，地方高校服务的目的是为保证并推动教育教学活动的顺利进行。由于地方高校工作烦琐，又缺乏相应的激励机制，管理人员办事拖沓、工作效率低等现象会随之产生。因此，合理的激励机制是必不可少的。首先，通过合理的薪资结构、工资水平和适当的物质奖励，满足管理人员基本需求，保证管理人员团队稳定。其次，通过健全的职务和职称晋升制度，给被激励者晋升的空间，使管理人员实现自我价值，激发管理人员以更大的热情投入工作中。最后，注重人文管理，尊重管理人员的劳动成果。通过营造情感氛围，加强对被激励者的人文关怀，使精神激励和物质激励相结合，发挥激励机制的最大效能。

完善管理人员考核措施，树立先进的绩效管理理念，坚持科学的绩效管理导向，遵循公平公正和一致性原则，建立科学的绩效考核体系，合理运用绩效考核结果，从而达到提升管理水平的目标。首先，制定合理的竞聘上岗制度，采用严格的选拔方式选聘管理人员，按照所需人才的标准，注重选拔过程中的公平，从而提升管理人员质量。其次，制定并执行合理的绩效考核机制，一方面在管理人员上岗之后就需要对日常工作进行月度、季度、年度等工作考核，另一方面在管理人员接受专业知识和专业技能培训后要进行专业考核，并对考核成绩优秀的管理人员进行相应的奖励，以此来验证并提升管理人员的知识水平和管理水平。最后，改进考核办法，改变传统的上级部门对下级部门、上级领导对管理人员直接进行考核认定的方式，以地方高校师生的满意度作为管理人员工作好坏的衡量标准。激发管理人员的竞争意识，以良性的竞争意识促使地方高校管理理念、管理方式的创新和管理水平的提高，最终保证管理人员进步和地方高校发展相互协调与促进。

2. 建立健全协同办公机制，提高工作效率

高效的工作效率是管理工作得以顺利进行的保证，是师生需求得以满足的重要条件，是衡量管理工作质量的重要标准。工作效率的提升，不是靠某个人或某个单独的部门就可以完全做到的，需要有精诚合作的团队协作意识、现代化的信息技术辅助设施。任何个体和部门都不能脱离集体而单独存在，因此地方高校事务的管理，需要部门内部、部门之间相互协作来共同完成。

（1）形成部门内部的协同办公机制

在管理部门内部建立有效的沟通机制，上下级之间、同事之间的沟通顺畅，有利于上下级之间、同事之间相互了解，彼此熟知对方工作特性，有利于促进团队意识的树立和部门内部团队建设，促进部内高效办公氛围的形成。即使部门内有任何一位员工因某种原因当时不在岗，也能保证部门内各项工作顺利运转，保证师生来办理业务的时候能够一次性解决，避免师生跑多次还解决不了问题等情况的发生。此外，管理人员要具备负责任的工作态度、发现问题时的快速反应能力和解决问题时的高效能力。

（2）建立部门之间的协同办公机制

在地方高校管理中，必须打破部门之间的壁垒，消除部门内关起门做事情的现象，杜绝闭门造车事件的发生。这就要求各管理部门既有各司其职的理念，又要有部门合作的意识，加强部门之间的沟通交流，构建部门间协同办公机制，在工作中相互信任，充分利用部门的资源，及时对师生提出的问题做出反馈，有效地解决服务客体的问题，满足他们的需求，真正做到为其提供服务。一旦在管理过程中出现任何问题，首先应避免部门之间相互推脱责任的情况发生，要先从自身查找原因，找出问题根源所在，共同解决问题。

（3）建立信息化的协同办公平台机制

传统的高校管理办公模式，对信息化的技术利用还不够充分，使得现有信息系统无法做到互联互通、资源共享，对办公效率和管理水平的提升有着很大的制约作用，不能完全满足教育教学和科研活动等业务发展的需要。地方高校内有线和无线网络的普及与覆盖、网络环境逐渐健全，为实现网络协同办公提供了可操作性。为实现地方高校跨部门的网络化协同办公，应注重各个部门之间的资源整合、信息整合，利用信息技术，实现各部门之间组织协调和管理的协作，最终完成地方高校信息化系统集成应用，从局部分散化应用走向整体协同性应用。信息化的协同办公系统，有着清晰明确的规范流程，电脑端和手机端操作系统越来

越完善，使得办公方式趋向灵活，能够实现随时随地办公，有助于加快公文流转速度，缩短办事时间，提升办公效率。

（4）正确、恰当地运用信息化技术

信息化技术的运用，是为地方高校教学科研活动提供便利的手段、提升教师工作效率、达到事半功倍效果的重要方式，而不是为师生设置的关卡、成为服务师生的障碍。因此在信息化技术运用的过程中，要增强对教师基本职业道德的信任感，调动教师工作的积极性和主动性，避免信息化技术运用程序化和形式主义的发生，切实将信息化技术的便利落到实处。

3.建立积极的应急机制，提升服务响应的灵活性

高校管理要将服务落到实处，其中一个很明显的要求就是地方高校管理在遇到特殊情况或紧急情况时，要有紧急预案可供执行。特殊事件特殊处理，紧急事件灵活处理，地方高校的事务处理方式不能是一成不变的。需要指出的是，因地方高校工作的特殊性，在地方高校非工作日，尤其是在寒暑假期间，学生、家长或者其他社会机构也有可能需要到学校办理事务，这就要求地方高校管理部门必须提前做好处理预案，制定非工作日值班制度。

作为具体执行地方高校政策的管理部门和人员，应该切实贯彻执行地方高校的规章制度，严格执行值班制度，避免办事者到校后找不到人、办不了事，或者同一件事情需多次来学校才能解决的情况发生，保证地方高校的事务能顺利进行。应急预案的制定、应急机制的构建，有利于为师生、家长解决紧急问题，有利于提高地方高校的办事效率和服务水平，有利于服务型地方高校的建立和打造地方高校的服务名片。

（五）强化文化治理功能

治理需要营造文化氛围，实现文化治理必须重视文化建设。一方面，大学治理要彰显校园文化，体现大学治理需求；另一方面，校园文化建设能在一定程度上推动大学治理，是实现大学治理的软实力。在治理理论视角下，地方高校的多元主体应当是平等的关系，并且通过文化建设形成良好文化氛围和师生内在共识，外化于治理实践，是地方高校行政服务能力提升的前提。

1.强化服务理念

地方高校要准确把握大学治理现代化的内涵，提出与时俱进的治理发展服

务理念，这也是教育主体自身的价值诉求与认同。强化服务理念既是地方高校行政服务能力提升的题中应有之义，也是优化大学治理的价值认同。这种认同贯穿于行政服务的全方位、全过程，有助于强化地方高校的治理意识，强化多元主体的权责意识。更新观念，扭转传统行政管理理念，改进工作作风，做到以人为本。地方高校要树立专业化的服务理念。所谓专业化，可以理解为按照高校行政服务的标准来提高服务师生、落实各项管理工作的效率。需要制定具有可操作性的行之有效的服务标准，明确地方高校管理部门对服务对象的服务要求和服务质量标准等，并利用这一标准服务体系来要求高校行政人员，使他们清晰地认识到如何正确、有效地服务，以及如何进一步掌握更为正确、有效的方法和技能，进而逐步帮助他们养成良好的服务意识。

同时，地方高校要将服务理念作为一种核心价值观，在地方高校上下，尤其是地方高校行政管理队伍中形成高度共识，使全体行政人员认识到服务理念对高校发展、提高地方高校行政服务水平的重要性，形成对地方高校服务理念的高度认同，并将其作为学校核心价值观和发展观，内化为行政管理队伍的精神追求，外化为行政管理队伍的自觉行动，从根本上实现专业化服务，凝聚推动发展的强大精神动力，引领地方高校发展。也只有树立科学合理的、与时俱进的服务管理理念，才能保证地方高校各项管理制度更趋于人性化、更具科学性与有效性。

2. 培育良好校园文化

校园文化体现了学校的价值观念、办学理念、历史传统、精神风貌、办学特色，反映了全体师生的精神面貌、思维方式、价值取向和行为规范，它是以学校物质条件为基础的物质文化和以人为中心的精神文化的统一。因此，培育良好的校园文化、加强校园文化建设是构建和谐校园的途径。

高校行政服务文化的根源在于校园文化，高校行政服务文化的建设必须依靠校园文化的整体作用。校园文化是地方高校行政服务实现的文化基础，培育良好的校园文化是构建地方高校行政服务文化、实现学校各项政策目标的基础。要通过校园文化建设来丰富内涵，给予行政主体一种价值观导向和行动指引，在队伍中形成共识、得到认同，真正将服务贯彻落实到工作中、落实到每一处细节，凝聚起强大的精神动力，最大限度实现文化的影响力和育人化人作用，为师生创造更佳的条件和育人氛围，使其真正成为引领服务发展的重要载体。

（六）发挥大学治理的激励功能

大学治理的激励约束机制主要针对不同权力主体，对其利益诉求加以协调制衡，从而形成尊重学术、提升服务、各方支持、共同治理的良性互动状态，进而激发大学治理活力。"大学治理现代化的价值逻辑是以国家和公共利益为核心，促进各方利益的激励相容。"为此，从治理的激励机制看，发挥好大学治理的激励功能，促进各方利益主体正向激励、追求目标、推进大学治理，是地方高校行政服务能力提升的动力。

1. 加强效能建设

科学的评价体系，应基于多方利益共同体的现实，对主体服务能力目标的达成度进行评价考核。效能建设是采用多种措施以提高效能为目的的活动方式，是"建立办事高效、运转协调、行为规范的管理体系的重要措施"，是行政服务能力提升的重要内容，是一种将服务因素有机地结合起来，履行行政人员责任，以达到高质量和高效率的活动。

要把加强效能建设、改进作风建设与实际工作有机结合，把服务基层、服务师生作为效能建设重要工作来抓，切实提高行政服务水平和工作效率。为此，地方高校各行政部门的工作人员应该强化服务意识、爱岗敬业、清正廉洁、履职尽责；各部门要精简流程、高效工作、提升效能，规范完善管理制度和服务功能。要深入调研，广泛征求意见，查找工作的不足。重点整治服务态度不好、办事效率不高、工作态度不佳的问题，坚决打通"中梗阻"，坚持马上就办、一次办好，让师生舒心、省心，努力转变行政职能和作风，破除形式主义、官僚主义、享乐主义、奢靡之风"四风"顽疾，解决工作中存在的问题。更要增强大局意识，对工作事项要雷厉风行。要改善或创新工作方法，深入实际，深入基层，不断提高服务水平。

在新的形势下，加强效能建设必然会遇到新情况、新问题、新矛盾，地方高校要及时总结经验，与时俱进，把服务好师生作为一切工作的出发点和落脚点，并在实际工作中切实贯彻执行，及时补充、修改和完善制度，努力建立和完善与新形势、新任务相适应的制度建设体系，从而真正提升效能，确保工作作风持续向好。

2. 创建有效激励机制

就目前阶段而言，地方高校需要结合行政服务工作的具体情况，实现行政服务的科学化评价，从而真正实现行政服务的价值，充分发挥其作用，以促使行政服务能力的提升。如今，创建和完善科学、合理、有效的激励机制是地方高校行政服务能力提升的途径和手段。

合理、有吸引力的奖励可以激发行政人员的积极性、主动性和创造性，也是对其工作的认可。地方高校要建立合理的薪酬制度，适当提高行政人员待遇，让行政人员因物质需要被满足而感到自己受到重视和认可，以便他们可以安心地做好工作，更好地为学校的发展贡献力量。人只有感到有发展前途，才会有工作干劲。作为"知识型员工"的地方高校行政服务人员，他们除了希望获得较高的收入，还渴望获得事业上的成就感。因此，只有学校为他们提供尽可能多的发展机会，并为他们提供一个能够最大限度地提高自我价值的平台，他们的潜力才能得到更好的发挥。

创建有效的激励机制，不仅要在提升行政服务能力的过程中重视激励主体的作用，而且要依靠时代需要健全与宣传相关制度，确保激励行为的稳健运行。建立行政服务能力提升的激励制度，必须坚持信息公开、透明的原则，贯彻落实相关制度，将激励措施付诸实践。

行政服务能力的提升还应以行政人员的意愿为基础，充分考虑具体情况，要有利于调动行政人员的工作积极性、主动性，充分考虑他们的感受，让员工有归属感、幸福感，使整个群体产生亲和力和凝聚力。最为重要的是，要尽量让群体上下形成一个共同分享利益的有机体，将服务能力与利益相结合，实行具有竞争性的薪酬体系和激励机制，实施奖罚分明的激励措施，整合现有资源，实行工资与业绩奖励并行的制度，激励行政人员为提升服务水平做出更多贡献。

（七）以信息化为依托，建立完善的服务评价和监督机制

利用日趋完善的信息化技术建立服务平台，使得地方高校的事务管理能快速地传达到师生和社会相关利益机构，既保证其知情权得以实现，对地方高校管理进行评价，又有利于其对地方高校事务管理的监督，确保地方高校事务公开透明，保证地方高校管理的民主化。

1. 建立以师生满意度为标准的服务评价机制

服务评价是指师生对管理部门和人员的服务工作做出的评价。师生作为地方高校管理工作服务的客体，对管理部门和人员提供服务的好与坏最具有发言权，对其提供服务的满意度是评价其服务的重要指标。具体到服务内容，每个管

理部门和人员都有清晰明确的岗位职责，这些职责内容就是其向师生做出的服务承诺。通过对岗位职责进行具体的量化分解，确立量化的服务标准。师生服务评价包含多个方面，服务内容、服务态度、服务质量和服务数量都是衡量服务标准的重要组成部分。师生对服务主体既有服务过程的评价，又有服务结果的评价，服务过程与服务结果相统一。

（1）坚持线上与线下相结合的服务评价制度

师生在现场办理业务时，比如物品损坏报修、课程设置查询、学籍或成绩信息查询、科研经费报销等，师生对管理人员能否帮其解决问题以及在解决问题时的服务态度和服务质量做出现场评价，并且这些数据可以在后台统计查看。借助信息化技术，地方高校不定期地通过微信公众号、学校官方微博等信息平台发布网上问卷调查，鼓励师生全员参与对管理部门和人员的服务做出评价，对服务不足之处提出意见和改进建议，服务主体对这些意见和建议进行分析并及时做出反馈，完善管理方式和方法。线上与线下的服务评价相结合，更有利于对管理部门和人员的服务做出全面、客观、公正的评价，后台对线上和线下评价数据进行统计，并将数据作为工作考核标准的重要依据。

（2）建立积极的反馈机制

管理部门和人员与师生的沟通是双向的，积极的反馈机制是搭建在服务主体与服务客体之间的桥梁。通过设立校长信箱等，规范反馈程序，设定反馈方式，建立服务客体对服务主体的主动服务评价体系。服务主体在接收到服务客体提出的服务评价和建议后，应积极、迅速地做出回应，有效地解答服务客体提出的问题，建立高效率、高质量的服务反馈机制。

2.完善以师生为主体的监督机制

地方高校在管理过程中，要坚持政务公开，对于学校内的人事任免、教师职称评定、学生奖助管理等地方高校事务，师生都有知情权。互联网时代，大数据和云存储快速发展与普及，地方高校要以信息化技术为依托，引进信息化技术和方法，采用信息化的管理方式，利用信息平台建立完善的以师生为主体的监督机制。

地方高校是政府政策的执行者，是否将政策落到实处、是否从学校实际出发、是否代表了师生的利益和需求、是否为社会提供有用人才，政府、师生和社会大众都有权进行监督。地方高校在内部建立信息平台，内网、官网、官微、微信公众号等新媒体的运用，新媒体社交平台的搭建，有利于加强各管理部门之间、管理部门与师生之间的联系，有利于将地方高校的信息及时传达到各个管理部门和全体师生，便于服务主体与服务客体之间的沟通交流。充分利用新媒体、自媒体等资源，做到信息公开并及时更新，通过服务平台进行信息公布，接受学校师生和社会的监督。地方高校管理部门通过服务平台，第一时间将校内事务处理决策结果及信息公布于众，尊重教师、学生、家长及社会的知情权，保证学校事务的公开、公正、公平、透明，接受校内师生和社会公众对学校的监督。

增强回应是地方高校管理向服务型转变的一个重要表现。在出现餐饮卫生不合乎规范要求、基础设施无法满足师生需求、对地方高校事务处理有疑问等类似问题的时候，师生能通过畅通的渠道进行反馈。设置校长接待日，面对面听取师生对地方高校管理的意见，学校办公室、学校热线、校长信箱、网上留言等也是师生提出想法、表达意见、行使监督权的渠道。在收到师生的意见后，应将信息及时反馈到相关管理部门和人员，由相关责任部门或责任人及时做出回应并提出整改计划，然后进行责任追究，公布处理结果，最终建立良性的以师生为主体的监督机制。

（八）提升资源配置能力

在大学治理中，包括信息技术在内的技术治理越来越受到青睐。大学治理需要相应的资源配置，地方高校行政服务主体服务作用发挥的好坏，与其自身所掌握和可使用的资源有着密切关系。如果缺乏必要的可供服务的资源，将极大影响地方高校行政服务能力，服务效果就会大打折扣。地方高校行政服务主体要善于在管理和服务过程中，寻求、整合和利用资源，有效进行资源配置，在创新实践中，通过技术治理的路径实现大学治理现代化，为地方高校行政服务能力提升插上翅膀。

1.优化地方高校行政服务的人力资源配置

地方高校行政服务，不论哪个环节都需要人力资源的保障。人力资源配置贯穿于整个地方高校行政服务过程，起到基础性作用。如果离开了人力资源，就犹如陷入"无米之炊"状态。优化地方高校行政服务的人力资源配置，主要是通过对人力资源进行合理配置，提高利用率和配置灵活性，并对这些优质人力资源进行充分挖掘，加强行政部门之间的协作配合，使人力资源配置持续最佳，从而助力地方高校行政服务能力提升。

2. 优化地方高校行政服务的硬件资源配置

"学校所拥有的办学条件在数量、质量和结构上配置和利用程度如何，不仅对学校的科研和教学水平的高低有直接的影响，而且在一定程度上体现了学校的办学实力和发展潜力。"资源共享，是资源优化配置的结果，是提高资源利用率、提高投资效益的有效途径，是学校管理水平及内涵式发展的重要体现。因此，应健全以提高办学质量和管理服务能力为目标的办学资源配置体制机制和共享机制。整合地方高校现行的管理服务体系，实现各类办学资源的优化配置与共享，通过财务、预算管理发挥地方高校资源配置的作用，解决地方高校运行管理中保障能力不足、配置不合理、共享共用不够、服务质量不高等问题，建立起一种责、权、利明晰，利益共享，成本分担的学校内部办学资源优化配置制度，为建设现代大学制度提供治理基础。

重视硬件资源建设与改善，积极拓宽办学资金筹措渠道，加大对保障条件的投入力度，推动地方高校向现代化、国际化和信息化方向发展，聚集优质创新资源，实现全方位、高层次提升行政服务能力的重大突破。优化校区功能布局，加快校园基本建设，改善硬件设施设备，持续推动后勤服务保障能力升级，创设良好育人环境，增进师生福祉，促进行政服务能力提档升级。

3. 优化地方高校行政服务的信息资源配置

加强信息化技术应用是提升地方高校行政服务能力的基本途径。随着信息时代的迅速发展，互联网浪潮下各行各业信息化在不断推进。在这一背景下，地方高校需要进一步加强现代信息技术在行政服务中的应用。

在数字信息时代，任何大学都始终需要快速和高质量的信息流动来推动其自我转变，简化工作流程，提高效率，使教职工能够最大限度地连续获取信息，实现教学和科研以及管理信息的收集、处理、集成、储存、传递和应用。因此，构建一个良好的信息平台，建立一个良好的数字化校园，对优化地方高校行政服务的信息资源配置具有重要意义。

信息化技术在地方高校各个层面的广泛应用，可以不断丰富地方高校数字化校园建设、智慧校园建设的内涵和外延，有助于地方高校行政管理"线上＋线下"高效融合，互联互通，进一步推动行政管理改革，发挥信息系统支撑管理运行发展的作用，推进地方高校管理精细化、精准化。与此同时，对平台的兼容性和安全性提出更高要求，需要打破地方高校不同职能部门和不同系统平台之

第四章　地方高校行政管理的理论模式

间独立运转、难以共享共通的现状，加强大数据、云计算等现代信息技术的应用，建立、完善信息化技术平台，有针对性地拓展管理服务业务，为地方高校提供科学、多元信息服务，提升行政服务的智能化水平。注重信息技术的更新与应用，避免技术应用开发与现行管理应用脱节，利用信息化技术实现资源的优化整合，打破各个系统平台的数据孤岛，更好地发挥地方高校数字化校园建设、智慧校园建设的价值。总之，以硬件为基础，加强信息技术应用，创新现代管理手段，对促进地方高校综合改革、提升地方高校行政服务能力有重要作用和深远意义。地方高校必须深刻意识到这一点，以此为高校行政服务能力的提升奠定必要的基础。

第五章 国外高校行政管理的经验与启示

高校的行政管理有助于促进其各个组成部分有序、高效地运行,国外高校在运行和发展过程中,有很多优秀的行政管理经验,给我国地方高校的行政管理带来很多启示。本章分为国外高校行政管理的经验、国外高校行政管理的启示两部分,主要包括美国高校多元主体共同治理、德国高校教授治校管理模式、英国高校的行政管理模式等内容。

第一节 国外高校行政管理的经验

一、美国高校多元主体共同治理

美国是公认的高等教育发展很好的国家。美国的历史并不是很长,几百年来美国在借鉴和学习英国体制的基础之上,形成了自己独特的高等教育体制和国际一流的高校体制。

在英国殖民时期,美国的大学学习英国大学的体系,主要表现为教会和地方政府共同治理。南北战争之后,大批公立研究型大学兴起,高校内部成立大学董事会和学术评议会,大学的学术治理权主要掌握在教授手里。第二次世界大战之后,美国颁布了一系列教育法案,改变了大学内部的治理结构,建立了董事会、校长和教师共同决策和管理大学的模式,即我们现在所说的共同治理。

目前,美国公立高校实行的是董事会领导下的校长负责制。董事会是最高的权力机构,由州宪法和州法律赋予其权力,董事会负责大学校长的选任、大学发展战略规划的批准,监督大学发展与维护大学自治,同时董事会保留最终决定权。大学校长由董事会任命,对董事会负责,执行董事会的决策,负责学校内的一切行政事务和选拔副校长。教师评议会也是美国高校的重要管理主体,对学术事务治理具有决定权。总的来看，美国大学的内部管理体制主要特点是共同治理，这有效协调和平衡了大学内部各利益主体之间的关系。

二、德国高校教授治校管理模式

柏林大学被认为是德国高等教育史上最好的大学。凝聚了"洪堡精神"的柏林大学强调研究和教学相统一、学术自由。德国模式被认为是 21 世纪大学的理想模式，受到瑞典、美国和日本等许多国家的羡慕和效仿。

在德国，教授拥有很高的社会地位，其身份是终身制的国家公务员，不得随意解雇。教授由国家任命，在高校中享有行政管理权和学术权。不仅可以参与高校的管理还可以决定高校的学科设置，即使退休了依然享有与教学有关的权力。但是取得备选教授资格非常困难。

自 20 世纪 90 年代以来，德国政府在新的公共管理理念的影响下，对高校管理体制进行了市场化改革，以应对经济衰退、高等教育大众化、资源短缺和旧管理模式的挑战。改革的内容包括高校收费改革、新学制改革、高校人事管理制度与工资制度改革。德国很少有人能成功申请教授职位，这造成了大量学术后备人才的积压。因此，许多具有才能和发展潜力的青年教师走出国门，并留在了国外。因此，德国近年来积极改革人事、工资制度。在人事方面实行了"青年教授席位"制度，确定了青年教授定期的国家公务员或职员身份。工资制度改革以绩效为导向，主要改革教授的工资结构，将其分为固定工资和可变工资两部分，并对可变工资做出了相关规定，包括在科研、教学、继续教育以及培养学术后备力量方面的个人绩效，考察范围包括教学评价、研究评估、专利、自筹经费、承担继续教育义务、辅导毕业论文和博士论文。

三、英国高校的行政管理模式

英国的高等院校，拥有深厚的文化底蕴，其中以牛津大学、剑桥大学为代表的一批大学更是为英国的社会经济发展培养了大批人才。英国虽然设立了专门的管理机构，但是并不会直接介入高校的内部管理当中，而是通过"大学基金委员会"对高校进行调控。英国的高校一直对学术非常崇尚，高校的学术权力与学术自由在整个的管理中比较突出，设立了一个高度自治的机构，其内部实行的是委员会领导下的校长负责制。同其他现代大学一样，学校还设立了副校长、院长等行政职务。而有所不同的是，高校的最高权力机关是委员会形式的学校代表大会，行使的是集体决策机制，大会的代表一般由学校的学生代表、教师等组成。学校内部设立了各种不同层次与级别的委员会，学校重大战略发展层面的事务以及政策方面事务由委员会进行审议通过。值得一提的是，在学院这级行政架构当中，学院又是一个拥有独立性和自主性的组织，每个学院能够较为独立地开展教学与科研工作，学院在财务、人事以及后勤等事务上也具有很大的权限，相关行政职能的行使都通过制度化的形式加以确立。从学校到学院的整个行政管理的体系很好地发挥了为学术事务、为学生和教师等服务的职能，较好地体现出学术权力同行政权力之间的协调发展。

四、日本高等教育大众化改革

（一）"大学开放方针"的实施

"大学开放方针"政策的实施意味着日本高等教育大众化政策的成熟。1984年8月日本专门成立了临时教育审议会，它在调查全国教育情况的基础上，于1987年8月的《日本临时教育审议会关于教育改革的第四次咨询报告（终结报告）》中提出了"大学开放方针"。这份最终报告中特别提到：高等教育改革要遵循个性化原则、终身学习化原则、顺应时代变化原则。在此基础上，实施大学评价和大学开放方针，促进高等教育机构的多样化，并加强各类高等教育机构间的联系与交流。为了进一步改善大学组织运行机构、人事制度，实施教师聘任制，加强大学自律性及自主性，建设开放大学。"大学开放方针"标志着日本高等教育资源共享范围扩大，高校本身所富有的教育资源更加多样化，高校运行走向多元化，日本高等教育逐渐向终身教育体系过渡，在21世纪逐步建立高等教育新体制。

除临时教育审议会提出的以上方针外，1991年日本新修订的《大学设置基准》中也提出：将大学作为社会开放的中心，灵活开放高校内部机构，为民众提供更多的学习机会，倡导终身学习理念。随着科学技术的更新与信息化社会的发展，社会及个人对新技术、新知识的需求日益强烈，根据这一需求，日本大学扩大了招生范围，开始面向社会招生，积极推行针对社会生源的特别选拔制度、夜间授课制度，利用通信及光纤系统实施远距离授课等。同时不少日本大学之间也增强了校际交流，与国外院校加强了联系，高等教育形式更加灵活、更富有弹性，高等教育结构更趋向完善，机构类型也越来越多样化，日益朝着更加开放化的方向发展。日本学者广渡修一也曾指出：大学除具有"教育"和"研究"两个传统使命外，还应将"开放"作为大学追求的第三职能。实施"大学开放方针"可以促使日本高等教育更好地面向大众、服务于大众，这才是日本高等教育大众化的真正内涵与意义。

（二）大学自由化政策的制定

自由化政策意味着国家对高等教育的控制与束缚逐渐放松，各类高等教育机构享有的自主权更加充分，高等教育的僵化体制被打破。1985年后，受到国内外因素的影响，日本高等教育的僵化性已经显现出来，特别是高校行政人员的组织及管理形式较为陈旧。由于日本高校教师及行政人员福利待遇较好，享有较高的社会地位和社会声誉，终身雇佣制下的行政人员服务意识不强，教师队伍逐渐失去科研竞争意识，且因组织机构繁杂，人员众多，日本政府每年不得不为此支出巨额经费，日益沉重的财政压力和管理体系的划一性，使日本无法应对经济全球化带来的世界科学技术的挑战。因此，引入竞争机制，提高大学自主性是此阶段日本高等教育改革的主要方向。

1987年10月，日本大学审议会正式成立，主要负责调查、审议有关日本大学的基本事项，大学审议会作为咨询机构，曾召开七次全体会议，极大地促进了日本高等教育结构的变革。审议的核心问题主要涉及大学灵活化、自由化，目的在于打破高校管理现存的僵化模式，在大学组织中采取更为灵活的运行方式，还针对大学办学提出了个性化要求。核心内容有以下几点：一是拔高大学的高度。重新评估高校学位授予标准，改革学分考核形式，完善学位授予制度，在符合标准的高校建立研究生院，提高高校办学层次。二是促进大学个性化、多样化发展。尊重各大学的特色课程，评估大学及短期大学的设置基准，促进高等专门学校职业类高校多样性发展，贯通各类高等教育机构的融通机制，加强学科交流与合作。三是促进大学组织运行自由化。如实行教员任期考核制来提高教师积极性，注重教育研究成果转化，支持募集民间资金增加高校办学经费等。四是注重校外社会各界对大学的评价，采纳建设性意见及建议，促进大学与社会各界，甚至国际研究团体的交流合作，派遣教师出国进修交流等，促使高校发展顺应国际化、全球化浪潮。

除此之外，1991年日本《大学设置基准》中删除了以往对大学各类事项事无巨细的细节标准，而是采用较为泛化的纲领性要求，将更多的权限下放至各大学。提倡大学在大纲要求下自主设定教学目标、课程内容及考核形式。除课程和内容外，《大学设置基准》还修改了关于学士学位授予、教师教学与研究组织等方面的内容。1995年，大学审议会还提出在市场化为主导的经济时代，大学也应根据社会的多元化加紧改革的步伐，不能停滞不前，必须在高校内部建立与之相适应的管理运营体系，适应社会的多样性。《大学设置基准》的修改为大学发展提供了宽松自由的环境，缓解了日本教育经费紧张的局面，保障了政府投入的有效性，大学自由化政策的制定是20世纪90年代日本推进高等教育大众化发展的重要因素，同时这一政策也为此时期高校稳定发展提供了原则性、纲领性依据。

（三）大学自我评价机制的引入

随着大学自由化政策的制定和设置基准的大纲化，日本政府在对大学放宽管理的同时，文部省随之引入了大学自我评价机制，大学自我评价机制的引入保证了教育水平的提高，也表明了日本高等教育大众化政策的进一步完善。在1991年新修订的《大学设置基准》中增加了"各大学需根据评估宗旨及标准，设置相应评估事项，成立相关组织机构，进行自我评价"的内容。开展自我评价是健全大学评估体系的第一步。在此之前，日本政府全权负责保障高等教育质量，在国家层面实施一系列管理措施，对涉及大学质量的各个方面进行严格控制、管理和审查。尤其是在师资要求及考核、课程设置及内容、学生管理、校园设施设备的配置、事务活动组织等方面对大学进行严格考核，采用的形式及标准较为统一，但由于各类高等教育机构的基本组织存在差异，评价结果也存在偏差。1991年后，日本政府把更多的权力下放至各个大学，引入大学自我评估体系，其内容主要包括教育目标、课程设置及教学活动、学分认定、师资建设、校园设施设备、校园管理、国际交流与合作等。不难看出，大学自我评估体系的引入也是日本放宽大学管理的结果，这也是基于大学自由化政策所设立的制度。

高校自我评价既包含了对自己负责任，同时又规定了大学必须履行对社会大众公开说明自身责任的义务，而高校的定期自我评价则是对社会进行定期的自我检讨。《大学设置基准》中关于大学的自我评估的内容是，各大学必须对本校的教育教学活动及科研进展情况进行自我总结、报告、审查，致力于按原计划达到原定目标，提高研究水平，完成社会使命。大学需定期向社会公布自身前一阶段所取得的成果与未达成的目标，对于未完成的事项必须进行明确说明。这意味着日本高校不仅在建校前要接受是否具备设立高校的资质、经费及教育资源的考察评估，建校招生后还要进行自我评估。高校评估政策受到日本大学的普遍支持，因为自我评估报告书是一份自我检讨书，也是一份申请书，高校在提交评估报告书以此向政府说明资金流动去向的同时，也相当于是进一步争取政府对自身教育经费的投入。因此，日本各高校在自我评估时，会将教育经费的使用情况进一步细化，从另一个角度看，这些措施规范了日本高校科研经费使用制度及财务制度。

大学的自我评估推进了日本政府对高等教育经费的倾斜与援助。20世纪90年代中期，日本评估小组为增强日本科技竞争力，在大学自我评估的基础上加大了对高校的科研支持力度，日本政府拨付的科研经费进一步向高校的重点学科倾斜。例如，通过专家小组评估后，在高等教育预算中加大了对材料工程学、环境工程、通信工程及新能源开发等学科的科研经费投入力度。由此可见，通过评估方式优化科研基金配置，高等教育经费的使用更加规范化、合理化、公平化。

第二节　国外高校行政管理的启示

一、学术权力参与行政决策

德国的学术自由在高校发展中历史悠久。德国是联邦制国家，实行教学科研合一、学术自由的管理模式，教授被赋予了高度自治权。学校可以自行决定聘任教授、招收学生，教授可以参与学校的管理，在教学科研工作上享有充分的自由。学生也享有一定的学术自由，可以根据自己的专业要求自行安排学习计划。德国还利用绩效考核改革人事、工资制度，鼓励学术自由。高等教育市场化改革对原来的教授治校、教授终身制的模式进行了人事改革，分散了教授的权力，为高校的发展输入新鲜的血液。

由此可见，学术自由是高校发展的重要推进器。我国高校也需要明确学术权力的主体地位和高校的学术属性，提高教授的学术自由度，对科研立项工作实行宽进严出，不仅要保证学术自由，还要确保科研结果的科学性。此外，要充分发挥广大教授在高校行政工作中的作用，特别是在学科设置、科研工作、人事制度、教学与招生等方面，最大限度地调动高校教师的积极性和主动性，使其成为我国高校发展的中坚力量。

二、强化政府干预作用

（一）完善政府对地方高校内部治理的制度安排

1. 完善相关政策，发挥政府作用

政府应充分发挥对地方高校管理的引导作用、规范作用、推动作用、监管作用，不断加强对地方高等院校内部治理的宏观调控，积极做好对地方高等院校内部治理的政策引导、规范指导、示范推动、监管监督、利益相关者的权力保障等工作；进一步完善地方高等教育的相关法律法规，引导地方高校按照现代大学制度，规范内部治理结构，明确各治理主体之间的权利关系；强化办学条件年度审核的刚性要求，加强监管和督导，规范评估过程，改进评估服务，加强评估结果运用，不断促进地方高校内部治理的完善与健康发展。

2. 推动大学章程建设，强化地方高校依法办学

大学章程在地方高校的相关制度体系中，具有很强的准则性与基础性，也是地方高校内部的"宪章"，始终规范和引导着地方高校内部的制度体系。从地方高校自主办学的合法性来看，大学章程是《中华人民共和国教育法》规定的学校设置的必备条件之一，是地方高校依法自主办学的基本保障。从地方高校办学的效用来看，大学章程是其充分行使办学自主权、实施管理的基本准则和提高学校依法治校水平的基本保障。地方高校由于自身存在市场化的属性，使其在各类办学活动中存在一定困扰，这时就需要一部具有指导意义的大学章程，能够指明地方高等院校的办学方向，找准办学定位，不断推进内部治理结构可持续发展。因此，政府要不断推动地方高校的大学章程建设，强化地方高校依法办学，不断提升地方高校依法自主办学的能力和水平。

（二）完善政府对地方高校内部治理的监管机制

1. 强化地方高校的党委职能

当前，在我国的地方高校内部治理过程中，很多高校都是按照党委领导下的校长负责制进行办学与运行。在具体的办学过程中，党委更多关注的是地方高校的整体办学效益，而校长在学校治理、提升办学水平等方面投入更多的精力，从而导致党委与校长产生一定的矛盾。因此，政府部门应加强地方高校党委

的职能，即充分发挥其监督制约的职能。《国家中长期教育改革与发展规划纲要（2010—2020年）》指出，要不断促进地方高校党委组织的建设，有效改进党委组织在高等教育中发挥作用的合理手段。政府相关部门应出台文件来进一步明确地方高校党委的职能，并且从体制机制上进一步规范地方高校党委的履责要求和程序，切实提升党委在地方高校中的作用。

2. 不断完善政府对地方高校的监管手段

政府应该按照《中华人民共和国高等教育法》中提出的相关要求，结合地方高校的特点，不断规范地方高校的办学模式，确保地方高校办学活动的正常开展。一方面，政府相关部门应该进一步完善适合我国地方高校实际情况的评估体系，以便于进行监管。另一方面，坚决落实好地方高校的评估工作，做到定期公布评估结果，同时上报给教育主管部门备案。对于地方民办高校，《关于加强民办学校党的建设工作的意见（试行）》也明确了党委组织对地方民办高校决策监督的重要性，要求党委组织务必定期听取学校各项重大通报。党委组织在代表政府发挥其监督管理作用的过程中，需要充分保证党的教育方针贯彻执行。同时也需要党委组织成员代表加入地方民办高校董事会（理事会），进行参与和决策，把好政治关，并全面提升地方民办高校内部治理的决策水平。对于违反办学理念和规章制度的集体或个人，应该及时采取有效措施并做好有关监管工作，带动地方民办高校内部治理更好发展。

（三）规范政府对地方高校内部治理的利益相关者权利保障体制

1. 优化地方民办高校董事会成员结构，实现多元共治

根据《教育部关于2013年深化教育领域综合改革的意见》，政府相关部门应该在做好制度建设的同时，加强对地方民办高校董事会内部成员结构的优化力度，努力实现地方民办高校最基本的法人治理，这也是完善地方高等院校内部决策的基本要求。地方民办高校需要邀请教职工等多元主体代表加入董事会，积极实现多元共治，提高内部决策的合理性。地方民办高校内部还应该逐步完善董事会（理事会）制度，董事长及董事不允许兼任校长，避免一人专权，逐渐提升内部治理的科学合理性。董事会内部还应该设立独立董事，该独立董事具有参与地方民办高校内部管理重大决策能力，又不在董事会中担任任何职务，这样会更加有效地保障董事会的最终决策更加公平。还应加大对教职工的重视程度，选拔

教职工代表积极参与董事会的决策与监督，认真听取并讨论教职工的提议与建议，加快地方民办高校学术水平的进步。要定期选拔各学院推荐的家长代表，并吸纳到董事会中参与重大决策和监督，通过学生家长的提议和反馈，调整不同阶段的学生培养需求和建设目标。同时，也要主动吸收学生群体加入董事会，发挥学生的民主参与权、决策权和监督权等，积极听取和采纳学生的合理建议以及宝贵的意见，尊重学生在地方民办高校中的利益与权利。通过对董事会结构的不断完善，地方民办高校也将会形成内部治理的多元化格局，让其运行更加规范合理。

2.坚持投资主体与行政主体分离，实现教育家办学

政府教育部门要健全大学内部的任用机制，必须对办学者行使职权进行合理、有效地划分与规范，并对校长予以充分授权，积极实现高校内部的教育家办学。对于地方民办高校，董事会（理事会）与校长的岗位职责和要求需要进行合理有效的分工，在自身岗位职责基础上相互配合，做好地方民办高校的内部治理相关工作，董事会也要接受监事会的监督监管，并按照规定赋予校长行政权力，提升学术水平与教育质量，完善校长负责制，明确校长的具体职责和权力。董事会（理事会）也要按照要求避免过度参与校长执行权力范围内的合理事务，各个职能部门，按照校长对具体工作的部署，逐步完善部门建设，将权力和职责都落实到个人。各个部门联系各个基层二级学院，协同合作完成相关行政管理工作。尽量减少行政管理工作重复做、复杂做的情况，全面提升地方民办高校内部行政管理的工作效率和工作质量。当然，无论是公办还是民办，地方高校都要强化对内部教职工的培养。围绕地方高校的办学特色，更有针对性地对学生进行教育和培养。重视教职工的待遇和未来发展，把握好内部行政管理工作的主要方向，注重对学生的专业特色技能培养。多元化、多层面地为学生升学就业打好基础，坚守教育家办学的初心，做好学生的教学管理服务工作，以学生为本，全面促进地方高校内部治埋的专业化与多元化。

3.发挥教职工民主管理权利，依法维护学生权利

《中华人民共和国高等教育法》中提出，教职工需要参与所在地方高等院校的内部治理，合理行使自身的监督权与管理权。政府有关部门也应该按照《学校教职工代表大会规定》与《中华人民共和国工会法》的有关要求，制定并完善适用于地方高校的教职工代表大会制度。地方高校需要通过工会、教代会等组织形

式，持续强化教职工在地方高校内部治理中的有关权利。通过教代会制度的不断改进，切实带动教职工参与地方高校的决策和建设，保障教职工的民主权利。以尊重教职工为基础，让教职工不仅可以参与民主决策与内部治理，还可以实现自己的合理利益最大化。政府相关部门应该制定完善的政策法规，支持地方高等院校的学生群体通过学代会等多种方式，积极合理地行使自己在地方高校当中的民主管理与监督的权利。积极调动学生参与地方高校内部治理，努力促进学生代表大会制度的完善，明确规定学生可以参与的范围和能够具体行使权利的方式，并重点强调学生在地方高校内部治理中的重要地位。强化学生民主权利的同时，要提升地方高校的公信力。对于学生代表大会等内部组织换届、人员选拔，学生同时具有监督权。地方高校需要重视学生在各级学生组织中发挥的权利作用，并且要最大限度地收集学生的意见与想法，让学生实现自我管理，将学生参与共同治理的模式形成一种长效机制。

（四）明确政府对地方高校内部治理的奖评机制

1. 建立政策激励机制

政府相关部门应该不断健全地方高校内部治理的激励机制，促进地方高校内部治理更加规范。政府可以根据地方高校的内部治理完善程度、发展状况等方面，制定出适合地方高校内部治理的激励标准和激励体系，切合实际地推进落实下去。政府对不同类别的地方高校也要有针对性地设置激励机制的标准，制定一些分类扶持的举措，从而保障地方高校的公益性。政府对地方高校内部治理的激励政策，也要给出具体判断依据，在资源分配方式上，更科学地提高地方高校对政策执行的积极性。例如，地方高校的办学经费除了依靠学费支持，政府还可以对地方高校进行财政扶持，不断提高地方高校的办学质量，进一步促进政府对地方高校内部治理的完善。同时，政府有关部门还要加大力度保障地方高校内部治理形成依法合规的运行机制，使政府对地方高校内部治理能够更公正、更公平、更客观地进行协调与指导，从而全面推进地方高校内部治理优化与发展。

2. 规范考核评价体系

政府有关部门应该加大对地方高校内部治理的考核约束力度，保证地方高校的治理结构和运行机制规范合理。以地方民办高校为例，《民办高等学校办学管理若干规定》第二十九条提出，省级教育行政部门对地方民办高校年度检查的主要内容：遵守法律、法规和政策的情况；党团组织建设、和谐校园建设、安全稳定工作的情况；按照章程开展活动的情况；内部管理机构设置及人员配备情况；办学许可证核定项目的变动情况；财务状况、收入支出情况或现金流动情况；法人财产权的落实情况；其他需要检查的情况。从政府对地方民办高校的年检内容来看，政府应该采取定量定性相结合的手段，将年检的小组意见、考核指标以及考核流程等给出科学合理的标准范围，减少人为的控制，使其更加客观，并具有说服力。对于政府相关部门提出的年检考核程序，也需要不断提升考核的运行效率，尽量避免一些重复性的环节，减轻政府执行人员和受检地方民办高校的负担。而年检中发现的需要不断整改的地方，应该协调帮助地方民办高校利用有效资源进行完善发展，给出具有针对性的指导意见，帮助地方民办高校认识到自身问题，并解决问题。因此，政府逐步规范地方高校考核评价体系，对不断提升地方高校的办学水平也起到了积极作用。

第六章 地方高校行政管理人员的专业化建设

加快高校行政管理人员专业化建设步伐,提高专业化管理水平,是我国高校应对高等教育国际化形势发展的必然选择。本章分为地方高校行政管理人员的职业角色分析、地方高校行政管理人员的职业道德建设、地方高校行政管理人员的专业化建设策略三部分,主要包括地方高校行政管理人员职业角色的分类、地方高校行政管理人员的职业特征、地方高校行政管理人员职业道德建设的理论依据、地方高校行政管理人员职业道德建设的实践路径、地方高校行政管理人员专业化建设存在的问题、地方高校行政管理人员专业化建设的对策等内容。

第一节 地方高校行政管理人员的职业角色分析

高校的行政管理是一个过程性概念,是指高校举办者或者投资方为了实现既定的办学目标,按照一定原则,制定适合自身的程序和方法,对学校的人财物等各项资源进行有效控制和组织的过程,其内容涵盖了教学管理、学术管理、学生管理、人力资源管理、财务后勤管理等板块。

地方高校行政管理人员,是由地方高校独立正式聘用的,从事于服务教学、科研等具体的事务性工作人员。从岗位职能角度看,他们是日常行政工作的执行者,也是决策方案的调查研究者、信息传递者、行政计划实施的协调者。当前大多数地方高校按照政府的管理模式设置职能部门和岗位,人员分类可以从纵向和横向进行区别。从横向看,根据工作内容,地方高校行政管理人员可以大致分为党政管理人员、教辅人员和其他工作人员。此外,辅导员作为国内高校的特殊存在,该角色在地方高校中除了思想理论教育、价值引领及心理健康教育,党团建设、学生日常事务管理也占据了其工作内容的大半江山;和专任教师不同的是,辅导员在地方高校大多归属学生部(处)而不是二级教学单位。因此,地方高校将辅导员也纳入了行政管理人员的范畴中。

从纵向看，根据科层式结构，行政管理人员职务由上至下依次分为：校级、副校级、处级、副处级、科级、副科级、科员、办事员。"基层人员"定义为科级及科级以下的一线行政管理人员，而辅导员在地方高校中属于科员级别，因此也纳入此次研究的人员范畴中。

一、地方高校行政管理人员职业角色的分类

（一）机关行政管理人员

地方高校行政机关是维护学校教学科研正常有序运转的指挥、协调机构，是地方高校行政管理的中轴，机关内设的各管理岗位上的工作人员，围绕既定的工作目标，依据相关规章制度，发挥各自管理职能。地方高校行政管理是配置高校教学资源、人力资源等诸多有形或无形资源的核心，其目的是为教学和科研服务，它所追求的目标是效率和效益，并通过提高效率和效益使大学追求的目标得以实现。

当前，大多数地方高校因学校职能和管理的需要，在实际工作中将从事机关行政管理职能的机关部门进行明确：一是机关部（处）等党委、行政管理部门；二是工会、团委等群团组织；三是图书馆、档案馆等直属单位；四是专职党政管理人员。而在上述范围内开展管理工作的人员、选择管理系列的"双肩挑"人员，以及在机关部（处）、直属单位等业务部门选择管理系列的人员都属于此范围。

（二）专职辅导员

地方高校辅导员是指在一线从事学生思想政治教育和管理工作的人员。2004年，自《中共中央国务院关于进一步加强和改进大学生思想政治教育的意见》下发以来，地方高校辅导员队伍积极探索专业化、职业化建设，取得了较好成效。2006年，教育部《普通高等学校辅导员队伍建设规定》正式发布并施行，文件中将辅导员的角色定位进一步明确："辅导员是高等学校教师队伍和管理队伍的重要组成部分，具有教师和干部的双重身份。辅导员是开展大学生思想政治教育的骨干力量，是高校学生日常思想政治教育和管理工作的组织者、实施者和指导者。辅导员应当努力成为学生的人生导师和健康成长的知心朋友。"

辅导员队伍专业化建设的大力推进，为辅导员在职务、职级晋升等成长和发展方面，提供了更为合理的路径和保障。地方高校专职辅导员可根据本人条件在岗位职能的定位上进行双重选择：一种是将专职辅导员纳入教师岗位管理，但

必须符合教师岗位聘用条件，承担相应教师的岗位职责。另一种是将选择管理系列的专职学生辅导员纳入地方高校行政管理人员的序列中。

（三）外派到其他独立法人单位的管理人员

随着社会发展，地方高校的功能也在不断拓展。1088年，意大利博洛尼亚大学开创人类高等教育之先河，将"人才培养"作为大学的主要职能；700余年后，德国洪堡大学首次将"科学研究"纳入大学的功能；20世纪初，美国的威斯康星大学创造性地提出了大学第三大职能——"社会服务"；2011年，胡锦涛在清华大学百年校庆讲话中，将"文化传承创新"作为大学的第四大职能；2016年，中共中央、国务院印发《关于加强和改进新形势下高校思想政治工作的意见》指出："高校肩负着人才培养、科学研究、社会服务、文化传承创新、国际交流合作的重要使命。"至此，新时期地方高校"人才培养""科学研究""社会服务""文化传承创新""国际交流合作"五大职能成为我国对高等教育功能与作用的最新凝练。目前我国正在大力实施创新驱动发展战略，着力打造经济社会"升级版"，促进政府、企业、地方高校和科研机构在产业链、创新链上有机融合，建立产学研协同创新机制，加快推进经济转型升级。在此改革进程中，地方高校顺应社会发展需求，发挥自身优势，社会服务职能在内容、形式等方面得到了进一步的丰富发展。

《中华人民共和国高等教育法》第十一条规定："高等学校应当面向社会，依法自主办学，实行民主管理。"作为面向社会自主办学的法人实体，高等学校要以市场需求为导向，依托政府、社会力量、市场等，通过经营化管理模式寻求发展。因此，地方高校为充分发挥自身优势，服务地方经济发展，大力开展社会交流合作，依托学校资源成立了相关以经营性为主的独立法人单位，学校委派相应人员到该单位中工作，承担经营、管理和监督等相关责任。地方高校经营范围在拓展，外派到此类单位中的管理人员数量也逐步增加，该类别的管理人员虽然工作岗位内容与教育管理的实质有些偏差，但是人员自身的身份与管理，同样属于地方高校行政管理人员的范围。

二、地方高校行政管理人员的职业特征

（一）个人发展中"职级"与"职称"的双重路径

职业的专业化建设，需要有一套与之相适应的晋升激励机制，这不仅有利于职业的规范化管理，同时也能最大限度地激发个人创造力。丹尼尔·雷恩

（Daniel A. Wren）认为能激励一个组织成员的因素有四类：一是对他自己的地位和他家庭的福利的关心；二是对他工作本身的爱好的关心；三是对组织中一个或多个成员及其良好意见的关心；四是对组织目标的尊重和关心。上诉四类因素分别从内在和外在提出了激励方式，物质激励的重要作用被摆在首要位置。对有着管理者和教师双重身份的地方高校行政管理人员而言，职级、职称的晋升与个人的福利待遇、精神褒奖等直接关联，因此，这两种方式一直以来都是最为重要的激励方式。

目前，为了深化地方高校人事管理体制的改革，构建一支德才兼备、精干高效、职业化、专业化的党政管理队伍，健全管理人员的考核与激励机制，大力推进以职级晋升为主要方式的职员制改革，通过职员制聘任的方式，为管理岗教师的晋升发展开辟新通道，调动广大管理人员积极性和创造性，提高地方高校的行政管理水平。

以某地方高校职员制改革为例。职员制总体分为初级、中级、高级三个层次。初级职员基本职责：承担具体行政事务工作，起草本职管理工作中一般性公文或文稿，完成上级交办的其他事务；中级职员基本职责：主持或分管学校二级单位下属部门的管理工作，独立起草本职管理工作中重要的公文或文稿，指导初级职员工作，完成上级交办的其他事务；高级职员基本职责：主持或分管学校或部（处）、学院管理工作，负责拟定本职管理工作中重要的公文或文稿，指导中级、初级职员工作，完成上级交办的其他事务。设定相应的任职资格和聘用条件，职员施行聘期制，四年为一个聘期。职员的聘用工作一般一年进行一次。同时秉承"能上能下"的管理方式，加强考核跟踪。此次改革对于完善地方高校行政管理机制，激发和调动行政人员工作积极性有着重要作用。但是，由于地方高校机构较庞大，中高级职员岗位所占比例相对较少，职员之间的竞争压力较大。

职称是衡量一名教师知识水平和专业能力的重要评判标准，它与教育工作者的经济待遇、职务晋升等切身利益直接挂钩。地方高校职称评定门类较多，其中包括教师、实验系列；思政、教管系列；图书资料、出版、档案、会计等专业性职称系列。地方高校行政管理人员因其日常工作内容与管理相关，因此在职称评定方面，大多以思政、教管为主。地方高校行政管理工作主要是综合性事务，内容比较琐碎同时也相对讲究程序，而教师评定职称对论文发表、科研成果等有着明确要求，这就意味着行政管理人员在忙于日常事务的同时，必须投入一部分精力来兼顾科研。目前的职员制改革，在职级晋升方面对于职称没有硬性要求，职称的作用较之以往有所弱化。但是,地方高校作为一个以教学科研为主的学术机构,无论是专任教师还是行政管理人员,都应当具备相应的专业水平,并且因多年来形成的职称观念,以及部分行政管理人员自身学术发展需要,职称的晋升仍然是广大地方高校行政管理人员孜孜以求的目标。

因此,现阶段职级与职称的晋升是地方高校行政管理人员个人发展的重要方式。

(二)日常工作中"管理"与"育人"的双重职责

针对地方高校教学和科研,开展辅助性的管理工作是地方高校行政管理人员的主要职责。管理是门科学,最初从美国、英国等西方现代国家兴起。虽然地方高校的行政管理机构与政府机关的管理机构大体接近,但是因地方高校管理对象的特殊性,二者在管理形式上不完全等同。管理关系主要可以分为行政与学术的管理以及各部门与具体功能部门之间的管理。管理对象上分为,一是人的管理,如面向教职工、学生等人事管理工作;二是事的管理,如学校建设、教学科研工作等具体的业务管理;三是物的管理,如学校固定资产、仪器设备等物品的管理。管理水平的高低直接关系效能的实现,乃至学校的生存和发展。

人才培养是高等院校的中心任务,各项工作的开展都与人才培养有着密切联系,地方高校行政管理工作也是如此。为教育服务是地方高校行政管理最基本的职责,而"育人"则是其中的重要环节,因此,在地方高校行政管理中"管理"与"育人"的双重功能并驾齐驱,二者是相辅相成的关系。管理工作、教学工作、服务工作都是地方高校培养学生的重要路径,无论是一线的专职辅导员还是机关的职员,虽然岗位分工不同,但是以人为本的育人使命是相同的。行政事务中涉及学生的层面,一般分为两种:一种是参与行政管理工作的学生。为了锻炼学生的实践能力以及优化部分事务繁重岗位工作效能,学校在行政岗位中设立了多个勤工助学岗位,学生在得到工作岗位锻炼的同时也能获取相应的津贴,这对于学生提高个人能力、改善生活质量等都有所帮助。在此锻炼过程中,这些学生与行政管理人员之间既是师生关系,同时也有着同事间的情谊。另一种是行政事务管理中的学生服务对象。此类人员比较集中在学工处、研究生院、图书馆、档案馆等与学生事务相关的业务部门。地方高校行政管理人员通过与学生之间的业务往来,建立起服务与被服务的关系,根据学生的需求为学生排忧解难,做好服务保障工作。无论是作为服务者参与到管理工作中的学生,还是作为被服务者办理相关事务的学生,通过与地方高校行政管理人员的接触,呈现出行政工作人员的基本风貌及地方高校行政管理人员的工作态度、工作方法、工作能力等，对学生而言，这些都是一种示范，也是他们成长中的隐形教材，对他们将来步入社会、走上工作岗位有着深远影响。因此，教书育人、服务育人、管理育人是地方高校行政管理人员重要的职业规范，地方高校行政管理人员必须在言行举止中起到表率模范的作用，用真挚的情感引导学生，用理性的思维教育学生，为提高行政管理工作水平奠定基础。

（三）专业岗位中"专业能力"与"管理能力"的双重要求

随着高等教育的发展，当代大学生的成长成才与地方高校辅导员职业能力有着越来越紧密的关系。因此，在提出辅导员职业能力提升路径之前，需要明确地方高校辅导员的内涵及其本身所具有的职业特征。

立德树人是教育之根本。从行政角度来看，辅导员是地方高校行政岗位上的基础工作人员，是班级和校方之间的桥梁或纽带。从教师层面来看，辅导员与专职教师有着共同之处，就是育人的功能，但又各有侧重。地方高校辅导员的职业具有鲜明的政治性，他们具有思想政治教育相关理论的专业背景，因此辅导员的职业身份相比于专职教师来讲，具有明显的政治性。

除此以外，地方高校辅导员有着宽口径的知识储备、较强的沟通能力。对于地方高校辅导员的职业特征，可以从以下两个方面做简要的阐述。

专业知识的储备。早在 2014 年 3 月，教育部印发的《高等学校辅导员职业能力标准（暂行）》中规定，高校辅导员需要广泛的知识储备，需要了解马克思主义理论及哲学、政治学、教育学、社会学、心理学、管理学、法学等学科的基本原理和基础知识。

较强的沟通能力。首先，辅导员需要处理好与各个职能部门的关系，地方高校部门较多，如学生处、教务处、团委、心理咨询处等。辅导员需要主动与各个职能部门沟通，了解和开展学生活动，并且积极配合地方高校职能部门的工作，这样既能提高地方高校工作效率，又有利于学生管理效率的提升。其次，辅导员在开展工作期间离不开专职教师的支持与帮助。最后，辅导员与学生的关系，可以定义为一种师生关系，但又带有一种特殊性质，这主要是缘于辅导员自身工作的政治性。辅导员既要完成学生日常生活的管理，又要进行其职业特征所规定的思想政治教育工作。在当代社会，一个合格的大学生需要科学文化素质的提升，更需要思想政治素质的提高。辅导员是与学生工作最直接、交流最密切的群体，与学生关系的亲疏会直接影响学生综合素质的发展。辅导员的特殊身份自然也会与学生形成多重关系：辅导员是学生在思想上学习上的引路人；辅导员是为学生服务的人，要倾听学生的诉求，了解学生的状况，尊重学生的个体差异，服务于学生的全面发展；辅导员是干部，要从事学生的管理活动，协调师生关系，处理生活琐事。

第二节 地方高校行政管理人员的职业道德建设

一、地方高校行政管理人员职业道德建设的理论依据

（一）儒家传统师德观

中国传统文化博大精深，儒家师德观在中华传统师德观中占据着举足轻重的核心地位。儒家师德观是成"师"之学，注重教师的外在行为和内心修养，关于教师重教明理、德才兼备的观点，关于赞扬教师为天地立心、为生民立命的教师风范，奠基与充实了中国传统师德观的基本原则和核心思想。历史具有很大的探究空间，中国优秀的传统师德文化之所以在悠长的历史长河中经久不衰，正是因为它符合了人们的期许，并能与制度、法律、意识能够相依相存，因此，中国传统师德文化是当代建构教师规范的重要资源，也是保留中国特色的文化沃土。

春秋末期的孔子是儒学的奠基人。首先，他以"仁与爱"为主要的教育思想，并贯彻落实到日常的学习方法、待人接物以及教学活动中。为了实践"仁"的思想，孔子主张在处理教化与社会的关系时，反对将教育归于官家贵族，为平民争取受教育的机会。在处理教师与学生的关系时，提倡教师应"有教无类"，只要学生好学想学就应一视同仁。其次，孔子认为教师对待不同的学生应该循序渐进、因材施教。最后，孔子之所以名垂青史，不仅是因为他总结了经典的教育方法与原则，还因为他以身作则，诠释了大儒的师德风范，为后世立下了榜样。孔子始终坚持"学而不厌，诲人不倦"的态度，将他全部的知识毫无保留地传授给学生。在对学生个性的培养中，始终坚持"躬自厚而薄责于人"的行为方式。

孟子在孔子的基础上继承发展，并使儒家师德观大放光彩。他提倡以"明人伦"为目标的教育，认可教师的职业价值，认为教育英才是人生三大乐事之

一，教师应该培养德才兼备的学生。具体来说，在培养学生的良好道德方面，主张"教者必以正"，引导学生养成理想的人格，努力做到"富贵不能淫、贫贱不能移、威武不能屈"的人格境界。在培养学生的智力方面，孟子赞同孔子的启发式教学，认为教师的职责是激发学生自主学习的思维。

荀子认为教师的职责是启迪学生将恶的本性转为善，赞成教师是治国之本的基础，因此也只有极高道德素养的人才能担任教师。他指出，教师应该具备四个特点：其一有师道尊严，在学生中享有威信；其二有丰富的教学经验与远大的理想信念；其三教学工作进行得有条有理、循序渐进，教学内容表述清晰，语句精简；其四有通理答辩的能力。

董仲舒同荀子一样，认为教师有利于稳定国家安全，因此将"置明师"的建议纳入了"设太学以养士"计划，以此来督促教师提升品质素养，从而培养出治国之才。他同意荀子所说的人性本恶，但也认为人含有善的品质，只不过还未发展成善。因此，教师应该严格要求自己，"以仁安人"，宽厚对待他人。董仲舒坚持以身作则，主张教学应该秉承适度、适量的原则。教学理应徐徐图之，在摸清学生的脾性与悟性之后施教才有效果。

此外，朱熹的《朱子白鹿洞教条》可谓中国古代师德规范的典例，为后世的师德教条奠定了良好的基础。他主要沿袭了孔孟学说的精髓，要求教师要修身养性，并且提出了立志、居敬、存养、省察、力行五个道德教育方法。

还有韩愈在《师说》中明确指出"师者，所以传道受业解惑也"，这对教师的职责划分得如此清晰。但是，真正详细地描述教师道德要求的，当是《礼记·儒行》，全文共计十六条，以儒者的标准为主题，对儒者的自立精神、交友之道等进行了详细的规定，勾勒出了儒家对教师道德的理想要求。

（二）近代蔡元培的教师观

在蔡元培的教育理念中，认为没有比教师这个职业更为重要的了。他认为，教师不仅是养成人格的职业，还是学生的模范。首先，教师要有高尚的品格。人拥有了高尚的品格，就有所价值。而教育是一门专业性极强的事业，不是人人都可以担负的，教育者的任务不是为了过去，也不是为了现在，而是考虑到将来。因此，教师应该具备两种高尚的精神：安贫乐道和独立无畏。其次，教师应该"厚以责己，薄以责人"。教师对学生应该尊重、信任，"应从受教育者本体上着想，有如何能力，方能尽何责任；受如何教育，始能具如何能力"。蔡元培认识到，教师和学生之间能否保持平等关系是区分新旧教育的一个标志。最后，教师要有较强的教学素养；教师须有充分的知识；须有学问家、研究者的精神，"不要放弃任何利于自己研究的机会"，将精力一心集中在学问上；须有鼓舞和唤醒受教育者学习潜力的才能，对教书必须抱有热情，激起学生的兴趣，不能做表面文章。

蔡元培十分注重教师的教学能力、研究意识和道德素养，在对北京大学进行改革的期间一直秉持着"学术自由、兼容并包"的治校方针。他提出只要是学术研究能力强、有工作责任心的学者，不问出身、不问学历，皆可进入北京大学进行教学。同时，蔡元培认为教师的主要任务是以德育德、传授知识，所以他全力提高教师的待遇与权利，维护教师的政治声誉，以此保证将教师在社会中的价值与效用发挥到最大化。

（三）中国化马克思主义的干部道德建设思想

中国化马克思主义的干部道德主要包括两层含义：一层是指全体党员的道德，另一层是指领导干部的道德。干部道德包括全体党员和领导干部的道德。中国化马克思主义的干部道德建设工作与党的政治建设工作紧密相连，二者有着千丝万缕的联系。党的政治建设是核心，是统领，是指导一切党的建设工作有序开展的前提和基础。可以说，党的政治建设对于党的建设系统工程具有开篇明义的作用，党的任何其他建设工作的意义和价值都在于促进和服务于党的政治建设，所以政治建设是渊源、根基。中国共产党历来重视党的政治建设，而政治建设又涉及很多具体方面的内容，如思想建设、组织建设、作风建设、纪律建设、制度建设、反腐倡廉建设等，这些都包含在党的政治建设的体系之中，我们党通过百年艰苦卓绝的浴血实践和探索，形成了诸多政治建设方面的指导思想和著名论断，其中有很多具体内容涉及干部道德建设。《论语》中说要"修己以敬""修己以安人""修己以安百姓"，对共产党人来说，"修己"最重要的是提升自己的政治道德。党对干部的要求，首先是政治上的要求。所以，可以认为中国化马克思主义的干部道德建设思想具体体现在党的政治建设内容中，具体形式多体现在党的重要会议、讲话、文献、文件以及相关法律法规，上述涉及党的干部道德建设思想的政治建设思想和内容也就是地方高校行政管理人员道德建设的理论依据。

二、地方高校行政管理人员职业道德建设的实践路径

地方高校行政管理人员职业道德，是社会道德规范、道德原则和道德要求在地方高校行政管理人员职业活动中的具体化。因此，加强地方高校行政管理人

员职业道德建设的任务是使地方高校行政管理人员职业道德与社会经济生活、地方高校的道德建设相适应，并能相互促进，通过建立一定的机制、体制，从而使地方高校行政管理人员职业道德建设与社会规范、地方高校道德要求所追求的目标相一致，形成协调发展的局面。

（一）强化道德培养，提高道德修养

人的正确认识，一方面来自直接的实践活动，另一方面通过学习教育而得来。道德认识也是如此，人们在实践中不断认识、不断校正自己的道德行为，这一过程就是道德修养；通过学习教育而形成对道德原则和规范的掌握、对伦理道德的领悟，则是道德教育。道德的培养和教育既指道德主体自身的反省、修养的过程，也指通过社会外部力量影响、教育的过程。

所谓道德的培养是指由一定的社会力量，依据一定的道德原则和道德规范，对受教育者有组织、有计划地施加系统的影响，使其接受这种原则和规范，并转化成为自己的内心信念和道德品质，从而形成全社会良好的道德风尚。教育培养的目的是塑造人的道德品质，通过社会成员个人道德品质的改善，达到改善整个社会道德风尚的目的。实践证明，个人道德修养高的人，往往在工作中具备良好的职业道德素养，强化地方高校行政管理人员的道德培养，就是要通过对地方高校行政管理人员进行系统的教育培训，进一步提高行政管理人员个人的道德修养，改善其道德品质，树立良好的道德风尚，从而推动地方高校职业道德的建设。

1. 把握好道德培养的原则

（1）传统道德教育与现代道德教育相结合

不管是笼统的传统教育教学方法还是具体的有针对性的传统道德教育方法，大多都是以主体讲授法为主，教育者通过进行系统、细致、准确讲解，使受教育者掌握大量知识、技能等。传统的教育方法比较单一，教育者是教育活动的主体和主导者，自由性和灵活度较高，而受教育者则是被动接受者，只能努力听讲努力吸收并努力消化知识，这也就是我们常说的传统的"填鸭式"教育教学方法的主要特点。这种传统的教育方法如果要寻找其在我国的发展历史，恐怕要追溯到两千多年前春秋时期孔子所在的时代，因为孔子教育、培养弟子时便主要采取这种讲学的方法。这种传统的教育方法能够流传几千年也是有其特殊背景和条件的，那就是当时的知识体系尚不完备、知识传播的载体还不够丰富，所以仅仅依

第六章 地方高校行政管理人员的专业化建设

靠教育者向受教育者以口口相传、面对面讲授的方式来进行一般教育活动，也依然能够满足当时条件下人们对于知识量以及知识覆盖范围的基本需求。但是，时代在变化，历史的车轮在不断加速向前滚动，科学技术日新月异，社会各个领域每时每刻都在发生着变化和革新，所以地方高校行政管理人员道德教育建设的领域也不例外，地方高校行政管理人员道德教育的方法和原则理应得到及时的更新和升级。传统的"填鸭式"教育方法在过去很长的一段时间内使教育活动在人们头脑中形成了无聊、枯燥、刻板的固有印象，尤其是当国家和人民发现这种教育方法已经严重阻碍全国教育事业的发展，也不利于教育效果提升的时候，党和国家以及全体教育工作者便开启了不断求新求变的征程。当前，传统的教育方法并没有被完全取缔和遏止，因为在一定条件和环境下传统教育法仍有其特殊的优势和存在的价值，所以必须保留。在保留传统的基础上，现在各级各类、各种各样的教育活动都试图在坚持使用传统教育法的基础上充分融合现代教育法的诸多元素，如利用多媒体电子设备或移动互联网和移动终端支持下的新型社会化媒体产品（包括微博、微信等数字化多媒体产品在内）等新型信息传播载体以及利用网络空间、网络平台等互联网"云技术"支持下的信息储存或传播介质等来着力加强各类教育教学活动的丰富性、灵活性、趣味性和有效性等。对地方高校行政管理人员的道德教育活动来说，同样应该坚持传统与现代紧密结合的原则，根据不同的道德教育内容选择最适合的教育方式方法，大胆打破传统的教育思维定式，通过创新形式、创新内容选择地方高校行政管理人员最乐于和最易于接受和掌握的方式来开展具体的道德教育活动。例如，地方高校行政管理人员大多不喜欢长时间坐在室内听取报告、会议、授课或培训等，他们大多喜欢以简洁省时的方式来完成这些事务，那么就可以利用网络空间，如微信公众号、视频会议、讨论群组等来完成一些适合借用这些平台和技术手段完成的道德教育活动，可以利用这些平台和方式及时且不受时间和空间限制地完成讨论、思想汇报和定期总结反馈等。另外，地方高校行政管理人员道德教育还可以学习借鉴在各大高校中兴起的"翻转课堂"模式，将教育的主动权转移给广大行政管理人员，变传统的被动为现在的主动，鼓励每一个地方高校行政管理人员都走上讲台积极争做道德的主讲人，讲道德故事、讲道德感悟、讲亲身经历、颂扬他人模范事迹，敢于汇报自身道德情况的发展变化，敢于评价身边人的道德成长——这些都是基于坚持传统道德教育与现代道德教育相结合原则下拓展地方高校行政管理人员道德教育新思路的参考方法。

（2）理论性道德教育与实践性道德教育相结合

理论性道德教育和实践性道德教育都是地方高校行政管理人员道德教育的主要构成内容。理论性道德教育主要包括政治理论教育（涉及马克思主义基本原理、中国特色社会主义理论体系、社会主义核心价值体系等核心内容，还包括对一些政策的解读、对会议精神的传达以及形势政策教育等）、思想理论教育（涉及理想信念教育、价值观教育、中国梦教育等）、制度法规教育（涉及法律纪律普法教育、行政道德规范教育、反腐倡廉形势教育等）等。

坚持并持续加强理论性道德教育，可以有效地促进地方高校行政管理人员的道德素质得到巩固和提高，从而为地方高校行政管理人员奠定牢固的道德基础。实践性道德教育在当今社会比理论性道德教育更为重要，一方面工作要求注重实践性道德教育，另一方面强调通过实践性道德教育来引导管理人员的理论性道德教育，从而使地方高校行政管理人员的道德教育得到落实。

正所谓"实践出真知"，实践是检验真理的唯一标准，同样，实践也是检验和提升个人道德水平的重要途径之一。地方高校行政管理人员实践性道德教育的主旨就是鼓励行政管理人员能够积极主动地申请到基层岗位上去锻炼自己。基层一线是离学生最近的岗位，通过对基层环境的适应、对重重困难的克服，真正贴近学生、了解学生心底的声音并最终帮助解决学生的实际困难，同时要保持谦虚的态度，虚心学习他人身上的优点和长处，学习他人身上勤劳善良、艰苦朴素、待人宽厚的优秀道德品格。通过扎实的一线实践工作，能够锻炼和形成地方高校行政管理人员坚强的道德意志和坚韧的道德品格。如果说理论性道德教育是地方高校行政管理人员道德教育内容的基础，那么实践性道德教育就是检验地方高校行政管理人员道德教育基础稳不稳、牢不牢、实不实、符不符合实际需要的重要手段和途径，在地方高校行政管理人员道德教育内容的构成中，这二者相辅相成、相得益彰、相互促进、缺一不可。

（3）集中性道德教育与常态化道德教育相结合

这里的集中性道德教育主要指根据国家相关法律规范要求而进行的具有强制性的道德教育活动，如公务员法中明确规定的不同类型公务员所需接受的初任培训、任职培训、专门业务培训和在职培训等，这些教育培训活动由于明确规定了具体的培训时间和标准，所以这些培训活动都是定期集中于某些时间段统一开展的，同时上述这些培训都会涉及关于道德教育的相关内容或课程，所以均属于集中性道德教育。另外。集中性道德教育还包括受国家政策导向或学习号召以及社会舆论等因素影响而开展的集中性道德教育活动，如党的群众路线教育实践活动、"三严三实"专题教育活动、"两学一做"学习教育活动、"不忘初心、牢记使命"主题教育活动等，这些党的教育实践活动也均属于集中性道德教育，通过上述一系列党的教育实践活动的有效开展，地方高校行政管理人员的道德水平获得了显著的提升，集中性道德教育取得良好的教育效果。所以集中性道德教育活动的积极作用不容小觑。但是在肯定集中性道德教育积极作用的同时，仍需强调要促进道德教育实现常态化。因为集中性道德教育固然有效，但是毕竟集中开展的时间相对较短，或许在集中教育进行过程中和集中教育结束后的一段时间范围内能够起到明显的积极作用，但是一旦时间过长或与下一次的集中教育活动相距较远，那么上一次集中性道德教育的影响力可能会大打折扣，这极其不利于道德认知真正入脑入心，不利于道德意志和道德品格的塑造。所以，在当前进行地方高校行政管理人员道德教育建设的探索时，应当鼓励和建议地方高校行政管理人员道德教育工作早日形成常态化发展模式，可以在本单位范围内以周、旬或月为时间单位定期开展地方高校行政管理人员道德教育活动，尽量缩短道德教育活动开展的周期和时间间隔，进而形成常态化的地方高校行政管理人员道德教育模式，结合国家规定时限内所需完成的集中性道德教育，共同强化地方高校行政管理人员道德教育效果，切实提升地方高校行政管理人员各方面的道德修养。

2. 完善道德培养的内容

地方高校行政管理人员在道德教育过程中的学习，有助于明确道德修养的方向和要求，提高地方高校行政管理人员对道德内容和道德修养的认识，培养用正确理论指导道德修养实践的自觉性。所以，科学合理的道德培养内容是非常重要的。地方高校行政管理人员在道德教育过程中的学习内容主要包括以下几个方面。

第一，学习马克思主义的道德理论。马克思主义是无产阶级的科学世界观和方法论，它为社会主义道德奠定了理论基础。地方高校行政管理人员职业道德是社会主义道德的原则在地方高校行政管理工作中的具体体现，因而学习马克思主义道德理论有助于地方高校行政管理人员科学地理解职业道德的深刻意义，对于地方高校行政管理人员深刻理解职业道德要求、提高自身修养具有重要作用。

第二，学习现代高校管理科学理论。高校管理工作是一门科学，高校管理理论是高校管理工作规律的科学总结。随着地方高校的建设和发展，高校管理科学理论也在不断地发展变化,对于地方高校行政管理人员的要求也越来越高。学习和掌握高校管理科学的理论,能促使地方高校行政管理人员加深对职业道德的理解,提高培养自身职业道德的自觉性。实践证明,掌握高校管理科学理论的行政管理人员,对于职业道德内容、精神的把握往往较为全面,其职业道德水准也较高。

第三,学习党和政府关于地方高校教育的方针政策。党和政府关于地方高校教育的方针政策是在马克思主义指导下,通过对客观形势和我国地方高校教育实际进行科学分析而制定出来的,指明了地方高校教育改革和建设发展的方向,是地方高校办学、管理的重要依据。因此,学习党和政府关于地方高校教育的方针政策,了解其内容和要求,是地方高校行政管理人员道德培养不可或缺的重要内容。

第四,学习先进典型的优秀思想和事迹。地方高校行政管理人员典型的优秀事迹是良好职业道德的具体化,其爱岗敬业、忠于职守、兢兢业业、无私奉献的道德品质是地方高校行政管理人员道德教育的鲜活教材,具有很强的说服力和感染力,同时也是一面镜子,有助于查找自身的不足和问题,向他们学习,加强自身道德修养,会收到良好的效果,这也是每一名地方高校行政管理人员都要经历的成长过程。

3. 更新道德培养的方法

(1) 坚持学习的方法

学习是提高行政管理人员个人道德修养的重要条件。离开了学习的修养是盲目的修养,盲目的修养既缺乏自觉性,也不可能达到较高的道德境界。子思在《礼记·中庸》第十九章提出提高修养要"博学之,审问之,慎思之,明辨之,笃行之",其中的"学、问、思、辨",就是学习和思考的过程,学习可以使"逸者得勤,昏者得明,迷者得醒,丧魄者得救"。道德知识、马克思主义理论以及所有科学文化知识的学习都是增进道德水平、提高道德修养不可或缺的内容,道德离不开文化,理智、文明、高尚的道德情操是同文化知识的水平相适应的。古希腊人认为"美德即知识",美德要通过学习得来。人们往往从学习钻研中使精神得到净化,自然而然地提高了道德修养的水平和分辨是非善恶的能力。

(2) 实践锻炼的方法

人类的道德源自社会实践活动,并为社会实践服务。这是人类一切道德最本质、最重要的特点。没有人类的社会实践,道德现象就无从产生,离开了地方高校行政管理人员所从事的行政管理工作,就不会有行政管理人员职业道德,因

第六章　地方高校行政管理人员的专业化建设

此地方高校行政管理人员必须在地方高校行政管理活动中加强道德修养，提高道德修养水平。

首先是通过实践增强行政管理人员提高道德修养的主动性。道德不仅是书面的各种规范、准则，还是表现在实际工作、生活中的实在的各种社会现象。加强道德修养的根本动力在于实践，在于所从事的地方高校行政管理实践活动。地方高校行政管理人员在日常的管理活动中，每时每刻都在与广大师生以及各类社会人员打交道，产生广泛的社会交往。在这些社会交往过程中，随时随地都会遇到道德上的是非善恶问题。正是这些每天遇到的道德问题，促使地方高校行政管理人员感到有提高道德修养的必要。当自己的行为符合道德要求时，就会产生较为强烈的情绪体验，并成为提高道德修养的动力，推动行政管理人员不断加强自身的道德修养。

其次是通过实践把道德认识转变为自觉的道德行为。道德规范和准则不能只是书本上人们认识的条文，还应将这些书面的各种规范和准则应用于实践活动中，只有在实践中调节人的行为时，一个人的道德才能确立起来；只有通过实践，才能将人的认识与行为连接起来，使道德认识转化为自觉的道德行为，形成一个人的道德品质。只有通过长期的实践活动，才能逐步培养起正确实施道德行为的道德能力，细致而准确地掌握处理道德规范所要求的具体标准。在实践过程中，地方高校行政管理人员形成的实践道德规范要求的能力，不仅是其职业道德形成的重要标志，也是对职业道德理论的重要贡献，可以使地方高校行政管理人员职业道德理论更加丰富、更加深刻。

再次是通过实践来磨炼行政管理人员的道德意志。提高道德修养是一个长期、持久的过程。道德意志不但是地方高校行政管理人员道德修养的重要保证，而且是道德修养的重要内容。人的意志是在实践过程中形成的，表现为勇于战胜困难、努力排除阻碍、自觉抵制诱惑、不为外界因素所干扰的心理品质，这种品质是无法从理论学习中得来的，只有通过长期艰苦的实践锻炼才能形成。地方高校行政管理人员只有在道德培养过程中，经过实践活动的磨炼、成功经历的激励、失败经验的考验，才能形成战胜任何内外阻力的良好道德意志。

最后是通过健全教育培训机制来提高个人道德修养。个人道德修养的培养是一个长期复杂的过程，与一般的知识技能培养存在较为明显的区别，它需要有机制的保障才能较好地实现。地方高校行政管理人员由于日常事务性的工作较多，往往容易忽视自身的学习，因此在提高行政管理人员个人道德修养的过程中，要积极探索新形势下加强和改进地方高校行政管理人员职业道德修养的机制体制。建立健全定期学习制度、学习考评考核制度等教育培训机制，将集中学习、个人自学、讨论交流等学习方法相结合，综合运用影视、报刊杂志、网络等现代传媒手段，提高教育培训的效果和质量。

（二）改革组织建设，优化培养环境

1. 加强组织文化建设

地方高校应着力促进自身的建设与发展，积极提升管理水平与服务水平，致力于提高教学质量，打造自我品牌，大力加强自身组织文化建设，走内涵式发展道路。管理的最高层次是文化管理，组织文化是高效的管理工具，而不仅仅是作为组织发展的动力。

第一，树立以人为本的理念。摒弃"以物质为中心"这一传统的人事管理观念，以服务对象为中心，赋予教职工更多的职责，尊重每个个体，充分发挥个体能动性，大力提倡团队协作，平衡个体间利益，积极鼓励创新，创造出最大个体价值。

第二，利用现代管理心理学理论。来自美国的学者德加薛恩（E. H. Schein）率先于1965年提出了"复杂人假说"，在他看来，个体的需求、个体潜在的欲望是各不相同的，并且，随着阶段发展的变迁、年龄的增长，个体所处的环境持续变化，周围的人际关系持续演变，个体所扮演的角色不断变化，其需求的模式，也在持续地变化。为了提高实施的实效性，文化建设必须根据个体的心理变化规律，充分考虑个体需要的复杂性及变化性。

第三，实行科学的文化资源管理。着力于文化盘点、组织文化设计、文化建设实施。

2. 合理进行工作分配

地方高校应首先做好工作分析，明确工作内容及职责，合理设置工作岗位，将合适的人选安排在合适的岗位上。可采取问卷调查的方式，在行政人员入职培训前，系统了解、分析他们的个人情况，通过自我评估，对其个人能力、身处的具体工作环境、资源及潜在利益等各个方面形成较为清晰的认知；根据调查结果，充分考虑行政人员每个个体的职业心理情况，根据其性格特点和相关的教育背景，合理安排工作岗位，分配工作任务，做到人尽其用。这样可以极大地激发每个个体潜在的工作热忱，从而更好地为组织服务。对于表现突出的优秀人才，组织需给予重视，视其特长安排相对重要的任务，充分发挥其优势，让具有高学历并且有着一技之长的行政人员有用武之地，可以更好地发挥其才能，这样不仅能提升其自我意识，进一步促进其创新意识，还能激发其工作热情，使其将更多的精力投入工作中。基于行政人员的学历、职称，合理安排职位，对于高学历、高职称、综合素养高的人员，应安排在核心部门。

3. 科学设计薪酬体系

针对普遍存在的"重教学科研，轻行政管理"现象，地方高校应在教学人员与行政人员的薪酬待遇方面做到一视同仁，设计科学合理的薪资体系，逐步缩小教学人员与行政人员的收入差距。一般来说，教学人员的薪酬主要由工资和课时费构成，而行政人员普遍是"死工资"。地方高校人事部门应着眼于设计一套科学的、相对公平的薪酬体系，找到平衡点，基于本校实际，适当提高行政人员收入水平，提高其福利待遇，逐步提升行政人员职业认同感，从而提高其职业道德修养。

（三）健全管理制度，规范道德行为

所谓职业道德行为是指在职业生活领域和职业道德关系中道德行为主体以其职业身份发生的道德行为。有效合理的管理制度是规范地方高校行政管理人员职业道德行为的根本保证，健全地方高校行政管理人员管理制度是加强地方高校行政管理人员职业道德建设的长远措施。

1. 制度的重要性

第一，地方高校管理工作各项规章制度有着不可替代的认识功能、调节功能和教育功能。地方高校行政管理工作的规章制度是根据地方高校不同的管理工作岗位制定的，有着很强的针对性和可操作性。它教导地方高校行政管理人员认识自己对学校、对广大师生、对其他工作对象的责任与义务，指导、纠正其工作、生活中的不规范行为，协调个人与他人、个人与集体、个人与社会的相互关系，培养行政管理人员树立良好的职业道德行为，帮助其在各种利益诱惑面前做出正确的道德选择。可以说，管理制度不仅是地方高校各项工作顺利开展的重要保障，而且关系到地方高校的形象和声誉。因此，管理制度有和没有大不一样，执行不执行、执行得好与坏也大不一样。

第二，管理制度是对职业道德行为进行奖惩的有效依据。地方高校行政管理人员职业道德建设需要一个良好的道德环境和道德氛围。如果出现"是非功过不清，赏罚不明，干和不干一个样，甚至干得好的反而受到打击，什么事不干的，四平八稳却成了'不倒翁'"的现象，不但会对整个学校的道德建设带来严重危害，而且会影响地方高校长远的建设和发展。树立正气、抑恶扬善、反对各种不道德行为的环境需要有奖惩机制来保障，引导行政管理人员认识到什么样的职业道德行为是对、什么样的是错。公正是奖惩机制权威性的基础，公正的依据就是各种规章制度、行为准则。只有建立健全地方高校各项管理规章制度，对行政管理人员的奖励才能更有说服力，才能对职业道德建设起到推动作用。

第三，管理制度具有强制作用。当前地方高校建设发展正处于一个关键时期，随着社会的发展，各种思潮影响着地方高校行政管理人员的行为，不可否认的是，一些不良的思想助长了少数行政管理人员的拜金主义、个人主义、利己主义，使得其职业道德行为与地方高校的建设发展产生了严重脱节。要改变个别人在职业活动中存在的不道德行为，必须要有制度的规范。制度本身就是一种规范，对有关的职责、权限、权利、义务、程序等必须做出界定，对于哪些能做、哪些不能做、哪些怎样去做，规定得清清楚楚，使人一目了然。制度的另一个重要特点，就是具有强制作用。制度一经颁布，就产生强制性、约束力。有了制度就有了明确、具体的标尺。既便于衡量行政管理人员的工作成效，也便于检查监督其工作的合法性，有利于防止和及时纠正各种形式的不当职业行为。

2. 健全制度应把握的原则

制度建设的重要性是显而易见的，然而，使各项管理制度有效调节地方高校行政管理人员职业道德建设，需要我们在健全完善各项规章制度过程中，把握好以下几个原则。

（1）坚持科学性

坚持科学性是建立制度的基本要求和先决条件，是加强严肃性的重要保障。制度作为由一定的组织体系建立和推行的行为规范，具有规范性、强制性、明确性、稳定性和连续性等特点，与道德、习俗等其他社会规范相比，更侧重于通过科学、严格的程序和规章来保证人们行为的规范性；制度作为一种以物质、精神惩罚和处分等手段为主的社会控制方式，可强制纠正离轨行为，迫使人们选择、保持符合组织要求的行为路径。所以，在完善我国现行法律法规体系时，必须充

第六章 地方高校行政管理人员的专业化建设

分考虑制度的上述特点，做到科学、合理，防止产生矛盾。地方高校行政管理人员的管理制度要按照我国现有的法律、法规和规章制度进行设计，在确保制度的科学性、严肃性、公平正义的基础上，将其与地方高校的实际情况结合起来，达到规范行为、提高效率、促进和谐的目的。

（2）注重适用性

注重适用性，就是要突出重点，抓住关键，符合现实需要，着眼于解决实际问题，突出制度建设的现实意义。我们在加强制度建设过程中，先要清楚我们应该在哪些方面健全哪些制度，用这些制度规范和约束什么样的行为，真正使地方高校行政管理人员管理制度可行、管用。在实践中，要善于调查研究，认真查找问题，对症下药地制定相关的制度，使制度建设和现实问题相对应，使制度约束对象和问题相关联；要坚持走群众路线，充分尊重广大师生的意见和建议，使制度建设能够充分反映师生的需求，使制度程序能够充分表达师生的意愿，使制度内容能够充分代表师生的利益；要注重总结成功经验，把经过实践检验的成功经验和做法提炼为制度规则，确保制度行得通、做得到。同时在制度建设过程中，要注重克服制度内容的空洞及抽象、缺乏可操作性、不符合实际工作需要、规范功能弱化、针对性不强、脱离实际、失去了制度应有效用等问题。

（3）增强系统性

增强系统性，是加强制度建设的内在要求。制度建设是一个系统工程，需要各种制度相互联系、协调配合，实现制度功能的整合，提高制度体系的整体功效。地方高校行政管理人员管理制度的制定要注重整体眼光，立足于全局，把更多的精力放在加强制度的对接和联系上，努力形成一种既能发挥各种制度作用，又能让各种制度协调配合的制度体系。要优化制度建设结构，既重视基本制度建设，又重视具体制度和实施细则的制定；既重视单项制度的建设，又重视各种制度的优化配置；既重视地方高校行政管理制度的建立健全，又重视地方高校行政管理制度和国家法律法规的有机衔接，形成制度合力。要树立开放性的工作理念，吸收师生的意见和建议以及其他单位的先进经验做法，增强制度建设"吐故纳新"能力，提高地方高校行政管理制度体系的开放性。

（4）维护权威性

维护权威性，就是要求地方高校行政管理人员自觉接受制度制约，自觉用制度约束自己的言行。实践反复证明，好的制度固然重要，但制度如果没有权威性，也是发挥不了作用的。要强化制度的规范功能，制定有效措施，规范操作程序，改进执行效果，逐步扭转变通执行制度的现象，坚决抵制"上有政策、下有对策"等不良行为。要注重体现平等,坚持制度面前人人平等,不搞特殊化,因为特殊化对制度的破坏作用极大,会导致制度废弛。要用好组织处理措施,争取纪律约束的支持,以组织处理为手段,着力解决制度建设过程中存在的措施不力等问题,严格维护制度权威,确保各项制度落到实处。

3.建立完善制度的基本途径

(1)以国家的法律法规及政策规定为基础

制度的基础有完备、清晰、明确、统一的规则。合理的制度是发挥制度功能的前提,也是进行制度考评的重要依据,同时也是广大师生对地方高校行政管理人员职业道德建设的关注点。我国已经出台的《中华人民共和国教师法》《中华人民共和国高等教育法》《教育部关于进一步加强和改进师德建设的意见》等有关师德建设的法律和政策法规文件是制定地方高校行政管理人员管理制度的基础,健全完善行政管理人员各项管理制度必须要围绕这一基础,同时结合地方高校自身的特点和实际进行,通过不断探索,在实践中不断地加以改进和完善,形成适合自身发展需要的制度体系。

(2)具备良好的可操作性

当前地方高校行政管理人员构成较为复杂,每个人的职业道德素养的高低各有不同,因此在制定管理制度时,制度内容要有针对性,适合工作实际,这样才能实现制定制度的目的。另外,在制定管理制度时要切忌假大空,杜绝做文字游戏或应付上级检查;同时要避免制度定得太细、操作很难,杜绝一个指标要经过几道检查才可以得出结果。这样的制度既不利于职业道德的建设,也会给地方高校正常的行政管理工作带来不良的影响。

(3)与科学合理的奖惩相结合

管理学中十分重视和强调奖励的作用。实践证明,一个人受到奖励,会再接再厉,争取做出更大的成绩和贡献,还能带动其他人,激励群体。科学合理的奖惩机制,是调动地方高校行政管理人员自觉加强职业道德建设的有效手段。地方高校行政管理人员管理制度本身就含有大量的关于行政管理人员履行道德义务的规定和要求,并以此作为奖惩的依据。通过运用以管理规章制度为基础的奖励机制,能够使制度在地方高校行政管理人员职业道德建设中的作用发挥得更加积极和持久。

(4)抓好制度的贯彻执行

地方高校行政管理人员职业道德建设要依靠制度,但真正完善的制度并不是孤立的，它有赖于地方高校良好风气的树立、社会环境的优化，同时又与择善任能联系在一起，而这些都与人的行为有关。因此，脱离开人而谈制度，则制度不可能真正完善。没有严格的规章制度，人的行为便会随意而为；制度没有得到严格的贯彻执行、规范不被遵守，同样会形成一盘散沙。抓好制度的贯彻执行，首先，地方高校各级行政管理人员要牢固树立正确的世界观、人生观、价值观、权力观、地位观和利益观，带头认真遵守和执行制度，严格按照制度办事。其次，要采取一定措施，健全对行政权力的监督制度，高度重视舆论监督和师生监督。最后，完善政务公开制度，及时发布信息，提高行政工作的透明度，切实保障师生的知情权、参与权、表达权、监督权。通过教育、监督、考核等手段，确保已有的管理工作规章制度得到全面贯彻落实，使之在实践中更好地发挥让人自觉遵守职业道德规范的作用。

（四）加强舆论引导，营造良好氛围

1. 舆论引导的重要性

所谓舆论，就是在一定的社会层面上，通过消除个体的不同观点，体现出社会的集体意识。职业道德永远不会自然而然地形成，它需要由强有力的舆论和正确的意识形态加以引导。人的自觉、良知、社会责任感并非与生俱来，而是由特定的舆论环境所决定。

科学的理论先导，正确的思想导向，敢于激浊扬清的道德勇气，对引导人们树立正确的职业道德观举足轻重。歌颂和揭露、扬善和惩恶是职业道德建设中必须运用的基本手段，尤其当社会处于转型之时，人们的价值观和道德选择趋于多元化、多样化，一些不良的职业道德观念影响着地方高校的建设和发展。敢于揭露、鞭笞丑陋现象，往往能起到呼唤人们的道德良知、引起强大社会舆论谴责的震慑作用。由此可见，舆论在精神文明建设过程中占有十分重要的地位，对道德建设更是有着特殊重要的作用。"舆论是公众道德选择的引导者，是人们道德实践的评价者，又是全社会道德行为的监督者。"舆论对道德建设的引导、评价、监督，形成了道德建设的舆论氛围，是道德运行的社会机制之一。

2. 舆论引导要把握好的基本原则

第一，把握好真实性原则。事实先于舆论，事实胜于雄辩，真实性是舆论的生命所在。在地方高校行政管理人员职业道德建设过程中，必须要尊重事实，

坚持事件的真实性，不能随意地拔高和过度地渲染。特别是在树立典型时，更应该坚持真实性原则，用事实说话，寓思想和观点于事实之中。

第二，把握好主流原则。职业道德重在建设，舆论引导也应重在建设。坚持主流原则，就是要处理好舆论监督和舆论引导的关系，引导是主要方面，监督要服从于引导；而要更好地引导，又必须加强监督。对地方高校行政管理人员职业道德建设来说，就是在进行批评和揭露时，要首先考虑地方高校道德建设的指导思想和方针。所反映的问题既是广大师生所关心的职业道德热点、重点问题，也是地方高校关注和正在考虑解决或亟须加以引导的问题；所批评的问题，必须要站在广大师生的立场上，符合师生的整体利益和地方高校职业道德建设的长远发展，着重选择阻碍地方高校职业道德建设的典型性问题。这样的舆论引导就能在不同角度、不同程度上起到正确的职业道德建设引导作用。

第三，把握好民主原则。地方高校道德建设的主体是全体师生，地方高校舆论的主体同样也是全体师生，舆论必须要反映广大师生的心声，代表广大师生的根本利益。地方高校行政管理人员职业道德建设必须要坚持民主原则，在舆论引导职业道德建设过程中，更深入、更广泛地了解、听取广大师生的意见和建议，从而更广泛地开展职业道德评价，检测职业道德发展水平，调整相关的政策。

第四，把握好党性原则。"舆论的权威性，来自它的党性和思想性。"地方高校行政管理人员职业道德建设中的舆论引导，必须要与党的路线方针政策一致，坚持马克思列宁主义、毛泽东思想、邓小平理论、"三个代表"重要思想、科学发展观，全面贯彻习近平新时代中国特色社会主义思想。特别是在我国进入全面建设社会主义现代化国家的新发展阶段，经济建设、政治建设、文化建设、社会建设以及生态文明建设全面推进，工业化、信息化、城镇化、市场化、国际化深入发展，人口、资源、环境压力日益加大，经济发展方式加快转变，新的道德问题、现象不断出现，给地方高校行政管理人员职业道德建设带来了挑战。所有这些都需要在舆论引导中把握好党性原则，运用党的最新理论成果来回答和解决实际工作中出现的职业道德问题，以指导地方高校行政管理人员的道德言行。

3. 舆论引导在现实工作中的运用方法

第一，注重理论宣传。道德观的背后是人的世界观、人生观和价值观。道德具有思想性，思想与道德不可分割。人的正确的思想除了从实践中得来，还可以从学习中得来。树立正确的道德观，要注重理论学习和宣传，通过理论学习和

第六章 地方高校行政管理人员的专业化建设

宣传，使地方高校广大行政管理人员树立起正确的职业道德观念，学习用马克思主义立场、观点、方法，去观察、分析、解决各种职业道德现象和问题；坚定职业道德理想，树立正确的职业道德信念，将全心全意为广大师生服务的思想贯穿于职业活动始终。理论宣传不能进行简单的道德说教，要联系实际，讲求实效；要注重区分不同的人群，注意层次性和广泛性，使理论真正贴近地方高校行政管理人员的职业道德实际，解决其在职业活动中遇到的道德问题。

第二，注重树立典型。塑造高尚的职业道德风尚，要结合地方高校不同行政管理岗位的实际，找准并树立各个岗位的先进典型，宣传他们的先进事迹、优秀思想和高尚的职业道德情操。这既是社会主义精神文明建设的重要方法，也是地方高校行政管理人员职业道德建设的重要途径。先进典型是众多行政管理工作者的代表，他们的先进事迹是高尚职业道德风尚的具体体现，他们身上体现出的职业精神、道德观念、职业态度、职业纪律和职业作风正是地方高校行政管理人员职业道德建设的目标和任务。深入挖掘和广泛宣传行政管理人员身边的真实先进典型，往往能对整个地方高校行政管理队伍产生巨大的道德震撼力。同时，在宣传这些先进典型时，不能就事论事，简单地宣传其事迹，而是要提炼其先进事迹中蕴含的精神，将这种精神作为职业道德建设的舆论最强音，为职业道德建设找到载体，注入新活力，开拓新空间。

第三，净化舆论环境。良好的舆论环境可以帮助人们树立正确的道德观念，鼓励人们自觉抵制不良道德观念的诱惑。然而，随着改革开放的深入发展，舆论环境发生了重大的变化，多种声音并存，人们可以很方便地通过广播、报刊、影视作品、网络收集到各种舆论信息，这既是社会进步的体现，同时也是社会发展的需要，但我们也应该看到，一些不良的思想在侵蚀着人们的道德观，给地方高校行政管理人员职业道德建设带来新的情况，使得地方高校行政管理中出现了一些问题。因此，我们在舆论引导过程中，既要将反对低级的、灰色的舆论垃圾和精神垃圾作为一项长期任务来抓，同时也要加强自身的舆论建设，不断研究新情况、新问题，形成适合社会发展和地方高校建设的理论体系，净化舆论环境，用正确的思想来引导和教育广大行政管理人员，培养其自觉抵制不良道德观念的自觉性。

第四，综合运用好现代传媒手段。舆论有口头与书面、感性与理性之分。现在一般根据舆论传播渠道和载体的不同，将舆论分为口头议论和大众传播。其中，大众传播包括广播影视、报纸杂志、互联网、电信网络等形式，使得信息的传播速度比以前更加迅速，覆盖面也更加广泛，因此舆论的评价、引导、监督的功能更加强化，其影响力也更大。地方高校行政管理人员职业道德建设中必须要综合运用好现代传播手段，建立信息发布、信息监督、信息反馈体制，及时准确地宣传先进，弘扬正气，并加强舆论监督，树立和坚持正确的舆论导向，为职业道德建设营造良好的舆论氛围。

第三节 地方高校行政管理人员的专业化建设策略

一、地方高校行政管理人员专业化建设存在的问题

（一）新媒体阻碍地方高校行政管理人员专业化发展

1. 新媒体的信息环境阻碍地方高校行政管理人员专业化发展

互联网的广泛应用，在信息的传播速度、信息的采集量等方面达到了前所未有的效果，实现了全球信息共享。互联网已经成为人们日常生活的一部分，也是必不可少的基础设施，形成了"网络地球村"。海量的信息带来的问题是，人们在信息的海洋中如同一叶小舟，随波逐流、无所适从，很难准确获得对自己有用的信息。在新媒体环境下，信息的传播和发布渠道更加开放，混淆视听的虚假信息由此产生，造成了信息环境的污染。从一定意义上说，每个人都有可能成为全球范围内信息的制造者，从而增加了人们使用信息的难度。这种现象被称为"信息爆炸"。人们在享受着网络信息带来便利的同时，也饱受"信息爆炸"的困扰。新媒体说白了就是人与机器的对话，新媒体的交流是虚拟的，虚拟的空间导致人与人之间的交流缺乏约束，人们可以想说什么就说什么，可以使语言标新立异，可以使网名彰显个性，不同的人在网络上可以扮演几种甚至多种角色，这样的行为很少能受到规章制度的制约。地方高校管理人员身处"信息爆炸"这样一个大环境中，难免不受这些信息的影响，他们接受的外界信息多了，个人的想法、目的、要求也就多了，这就可能会影响一部分管理人员的价值观、职业观，从而进一步阻碍地方高校行政管理人员专业化的发展。

2. 新媒体的软硬件设施阻碍地方高校行政管理人员专业化发展

地方高校新媒体环境的基础是新媒体的软硬件设施。然而，在信息化校园的建设过程中，仍有部分地方高校由于资金投入不到位，所使用的机械设备过于陈旧，信息化、网络化、数字化校园建设仍处于建设的初级阶段，不能适应新媒体环境的快速发展。部分地方高校舍不得淘汰陈旧的信息设备，信息设备升级缓慢，无线网络覆盖不全面或者还处在初级建设中。

地方高校新媒体环境的建设很多是因为缺少长期的规划或是资金不到位而导致计划搁浅。也有一些地方高校在新媒体环境建设中急于求成，只重视信息技术的硬件设施平台的搭建，忽视软件设备的引进，从而导致硬件设备的利用率极低，而当有软件支持的时候又需要更换硬件设备，这样循环往复造成了大量资源的浪费。个别地方高校在进行新媒体环境建设的过程中由于硬件设备是投资即见效的过程，而软件是投资大、周期长、见效缓慢的过程，因此出现了地方高校对硬件设备盲目投资、对软件设备不加重视的现象。

地方高校信息化校园建设是可以产生显著效益的，但在信息化建设过程中会遇到各种各样的问题和困难，无法立刻实现，没有明确的、长远的规划，领导不重视，管理人员缺乏积极性，这些都导致了信息化校园建设缓慢这一现象的产生。施工过程需要系统性、完整性、科学性保证，没有一步一个脚印的踏实工作，预想的地方高校新媒体环境蓝图是不可能实现的。目前，部分地方高校在新媒体环境的建设中缺乏长期的规划和系统的部署，有时甚至会出现在同一所学校内几家运营商相互抢占"地盘"的现象，从而导致学校与二级学院之间大量重复建设，使得不同的部门之间不能进行信息资源共享，相互之间软件设备不兼容、无法协调使用，例如，学校的教务系统和学工系统不相兼容，教务和学工之间的信息不能相互共享，更有些部门成了"信息孤岛"，造成了大量人力财力的浪费。还有的地方高校二级学院的学院新闻后台，三年甚至五六年都不进行更新，滞后的新闻后台无法兼容当前信息技术的新内容，导致管理人员发布网络新闻稿件时要耗费大量的时间和精力，直接影响了工作效率。

地方高校的大部分管理软件都是由学校管理人员使用的，这些管理软件研发成本比较高，地方高校因为资金有限，一般情况下在购买管理软件时都仅仅只买自己学校需要的部分，不会购买整个软件的使用权，这就导致地方高校行政管理人在进行软件使用学习的时候一知半解，不知全貌，导致信息技术学习范围窄而不深的状况，阻碍了新媒体环境下地方高校行政管理人员专业化的发展。

（二）地方高校行政管理人员专业化的理论创新不足

地方高校行政管理人员的一届任期一般是三到四年，这就会出现某一项管理工作由同一个人重复做多次的情况，这样很容易产生经验主义，也很容易产生工作的疲倦感。同时，相较于地方高校的其他有科研任务或者教学任务的教师，这些管理人员在理论研究方面就更加容易产生惰性，不主动改变工作方式，不主动创新。然而当前新媒体环境下，随着移动互联网、大数据技术等的广泛应用，知识的发布量成倍增长，大量的新知识涌入这个时代，这就意味着我们每个人掌握的知识和信息会很多，如果地方高校行政管理人员不加强个人学习，将会面临被淘汰的风险。地方高校行政管理人员的专业化实则必须是管理人员理论创新的专业化。新媒体环境是一个新的课题，我国关于新媒体环境下的地方高校行政管理人员专业化理论研究还不多，没有理论的创新发展无法实现专业化。我国地方高校的部分管理人员没有意识到理论创新的重要性，一味地凭借自己的经验开展工作，不进行研究和学习，然而在当前的新媒体环境下，原来的知识和经验已经不能完全适应地方高校日益复杂的管理工作。以学生管理工作中学生请假为例，现在地方高校数字化校园建设已经在逐步完善中，学生完全可以通过手机、电脑等客户端进行互联网请假，辅导员通过手机或者其他终端可以批假，从而统计请假学生的总人数，这样就使得学生请假不受时间、空间的限制，既节约了纸张也节约了学生往办公室跑的时间，还提高了人数统计的准确率。如果我们的学生管理人员不具备使用请假系统的能力，就会导致上述的一系列问题不能解决，因此，作为地方高校行政管理人员必须接受新的知识，跟上时代的步伐，研究新的工作思路和工作方法，努力提升自己的工作能力。

（三）地方高校行政管理人员专业化的媒介素养提升缓慢

为了适应现代社会的要求，人们必须具备新的媒介素养。但是，不同的专业人群对新媒体能力的需求存在差异。作为一所大学的管理者，除了要掌握个人的新媒体知识，还要具有专业的新媒体知识，这是管理者充分地运用新媒体资源，来适应当前新媒体环境并做好地方高校行政管理工作的必然要求。

新媒体环境对于地方高校的管理者提出了新的要求，有人提出要打造一支与新媒体技术发展相适应的高素质的地方高校管理队伍，这支队伍需要具备的素质之一就是能较好地掌握新媒体技术。一般而言，现阶段新媒体技术指数字技术、计算机网络技术与移动通信技术，这三大技术融合在一起所构成的技术平台是新媒体环境的基础。

地方高校行政管理人员是新媒体技术的使用者而非研究者，需要掌握新媒体的基本知识与操作技术，拥有新媒体技术的更新能力，懂得利用新媒体技术管理地方高校，然而现实情况则是地方高校行政管理人员对新媒体技术的掌握有所欠缺，这就给地方高校行政管理人员在新媒体环境下的专业化带来了阻碍。

（四）地方高校行政管理人员专业化的监督体制不完善

地方高校行政管理人员在当前新媒体环境下，会因为新媒体监督体制的缺乏，影响专业化的发展。新媒体在一定程度上是"自媒体"，每个人都可以借助网络把自己的所思、所想、所感、所看通过文字或者以视频的形式发到网络上，让全世界的人和自己一起分享。这些都给新媒体的监管带来了难题。在地方高校行政管理人员专业化进程中，新媒体环境的影响无法避免，少数地方高校的管理人员利用媒体传播者身份的隐蔽性，在新媒体平台上发表一些抵触地方高校行政管理人员专业化的言论，与地方高校管理人员专业政策唱反调，这种言论可以通过新媒体以无法预见的速度影响一个人、两个人、四个人、六个人甚至是一批人，又或者是全国各地的地方高校行政管理人员，从而影响地方高校行政管理人员专业化的发展。

二、地方高校行政管理人员专业化建设的对策

地方高校行政管理人员专业化是一个动态发展的过程，具有鲜明的社会性和时代性。随着我国地方高校行政管理体制改革的深入与发展，地方高校要与时俱进，办出特色、办出成效，不仅需要建设一支高质量的教师队伍，而且需要建设一支高素质的专业化的行政管理队伍。

（一）更新地方高校行政管理观念

理想的地方高校行政管理人员职业形象是确立地方高校行政管理制度的基础，只有明确理想的地方高校行政管理人员职业形象，才能明确地方高校行政管理的目标以及要达到怎样的标准。推进地方高校行政管理人员专业化建设，需要确立地方高校行政管理人员的职业理想，以之作为他们自身努力的方向和我国地方高校行政管理队伍建设的根本奋斗目标。

1. 从理念上确立专业化的观点和立场

思想是行动的指南，没有先进的管理思想和理念，就会降低地方高校行政管理的效率，甚至会阻碍其正常运行。地方高校行政管理人员专业化建设，首先，必须解决的是观念的转变，要改变多年来已形成的一种错误认识，即行政管理人员（尤其是基层的行政管理人员）不适宜甚至没有能力从事专业技术工作，只能做行政工作。其次，让地方高校行政管理人员打开思路，找出差距，确立目标，提高认识，改变观念，形成地方高校行政管理人员专业化建设的共同理念。历史发展到今天，可以说，从事任何职业都要有一定的专业理论做指导，地方高校行政管理自然也不例外。现代社会是一个知识经济社会，信息和知识的增长呈几何级数递增，一个个体只有在变迁的社会中不断学习，走专业化发展之路，才能适应时代的需要。在既定的资源条件下，地方高校要维系可持续发展，就必须提高对管理专业化的认识，真正尊重知识，尊重劳动，注重绩效，走行政管理人员专业化发展的道路，通过从理念到技术等多个层面的整体互动，提高管理的总体绩效。

2. 推行地方高校行政管理人员资格证书制度

地方高校行政管理作为一个职业，对其从业者有着诸多特殊的要求和规范，也有严格的任职条件。随着地方高校行政管理职业的专业化要求越来越高，尤其是"开放型"教育管理体制确立后，为确保从劳动力市场中选拔出具有适合地方高校行政管理工作专业化水平和专业素养的人员，建立多层次的地方高校行政管理人员资格证书制度势在必行。配合地方高校行政管理人员资格证书制度的实施，我国应尽快建立起地方高校行政管理人员认可制度，设立地方高校行政管理人员认可机构，行政管理人员若有违背职业道德、失职或不能胜任等表现，其证书可被撤销并停止聘约，积极推进公开招聘、竞争上岗机制的运行。地方高校在国家制定了严格、系统的地方高校行政管理人员资格证书制度后，必须有计划地按规定聘用具有某级行政管理人员资格证书的人员，禁止不合格的非专业人员进入地方高校行政管理队伍。

3. 以灵活的晋升机制满足个体强化需求

职务晋升机制在实践中是一种有效的次级强化激励手段，属于强化物的范畴。地方高校完全有能力和办法发挥体制优势，在基层行政管理人员的职业发展上做出创新。

第六章 地方高校行政管理人员的专业化建设

（1）在纵向晋升方式上实行竞岗制和破格提拔试点

基层行政管理人员职务晋升要更加注重行政专业素质和能力水平，按一定比例竞聘上岗。合理利用消退性负强化，打破传统科层式机制中论资排辈、平均主义的固化思维，以业绩和效益论职位的高低，优化行政队伍。对于短时间内有重大创新或者取得了重大成果的个人或团队，应当有配套的破格提拔的相应激励办法，如山东第一医科大学（山东省医学科学院）为了确保辅导员队伍高质量发展，在2020年11月一次提拔19名辅导员为副处，一时成为高校行政管理佳话。地方高校可以考虑从行政、教辅、辅导员三个序列中，选取一个序列作为试点，对业务贡献突出的个人予以破格录用或者晋升等及时有效的反馈，这对强化整个行政队伍的责任意识、创新意识和大局意识有着深刻的借鉴意义。

（2）在横向岗位发展上重视发展个体特殊能力的激励

在基层行政管理人员横向的岗位发展上，既要给予全方位的培训支持，又要给予发展个体特殊岗位能力的激励。根据调研，发现一些行政管理岗位培训措施有待提升。一是在理念上，行政管理人员不一定长期从事地方高校行政业务，也要有其他的出路，比如转岗为专任教师，因此，应该鼓励行政管理人员参加每个月给专任教师安排的教学技能提升课程。二是重视行政岗位的职业培训和业务交流，比如对各院系的教学秘书，在每学期安排一次教学系统操作或者业务培训的基础上，额外再安排一次全体教学秘书的业务交流和研讨。三是充分利用地方公共资源，每季度争取各类地方公开技能培训或者公益讲座的名额，既合理控制了成本、丰富了行政人员的精神生活，又提升了该群体的综合素质。四是利用多种激励奖励方式。如党务工作人员可以开展校内范围的微党课比赛，促进党务工作者对专业知识的学习，输送成绩优异者参与省级甚至更高级别的微党课比赛；再如设立年度行政管理工作创新奖项，挖掘树立一批典型代表，对能够大胆采用新工作思路提升行政管理工作效率、取得重大突破的人员予以校级荣誉。以上举措，有利于基层行政人员充分发挥特殊人才特长，能够有效缓解纵向职务晋升带来的矛盾。

在以上横向和纵向的两个维度基础上，针对长时间得不到晋升及奖励的行政人员，可以采取日本高校的岗位巡回轮换制，一方面可以让行政管理人员多视角了解各部门的运作和协作机制，提升流程意识和大局意识，另一方面也有助于行政管理人员在多岗位锻炼的成长过程中增强自身在校内职务竞争中的优势。

总而言之，在基层行政管理人员的发展管理机制上，学校管理者要在兼顾一般需求的基础上，有目的有针对性地选择适合教师各个层次需求的强化物予以强化。比如，青年教师要明确职业方向，中年教师要强调工作中的成就感和成果的积累，老教师要重点发挥他们的传帮带作用。

（二）构筑专业化的知识基础

地方高校行政管理人员要走上专业化发展之路，就必须要有坚实的专业知识，并且这些知识要对地方高校管理具有实际的指导意义。可以说，努力构筑地方高校行政管理人员专业化的知识基础，切实提高地方高校行政管理人员管理行为的专业化水平，既是现代高等教育发展的趋势，也是地方高校行政管理队伍自身发展的必然要求，对地方高校的办学水平、办学效益乃至生存与发展都起着至关重要的作用。

1. 加强行政管理专业知识的储备

地方高校行政管理人员专业化所需要的知识应该是能促进地方高校行政管理人员提升职业活动的知识，能为地方高校行政管理人员的职业活动提供有效指导的知识。这就要求地方高校行政管理人员在专业化发展道路上，把自己放到整个专业化队伍建设的大系统中去思考，找准自己的位置，为自己确定新的目标，并以此为动力，学习有关地方高校行政管理方面的专业知识，不断完善自我，超越自我。地方高校在改革高校内部管理模式的基础上，一方面，要纠正有意识或无意识地把学历与专业化建设等同起来的错误做法，应将行政管理人员的学历层次与其所在岗位的专业要求有机结合起来；另一方面，应科学地处理学历与职称的关系。只有这样，才能使地方高校行政管理人员不断提高自身的素质，跟上时代发展的步伐，更加有信心、有能力、有魄力地投身于地方高校行政管理工作中。

2. 走借鉴与创新相结合之路

在我国地方高校行政管理人员专业化进程中，必须要充分学习和借鉴国内和国外先进的行政管理经验和理念，找出我们自身行政管理人员专业化理论和实践中存在的差距，在学习和借鉴的基础上进行创新，形成具有中国特色的地方高校行政管理人员专业化发展之路。地方高校行政管理人员专业化，一方面，应加大骨干外出进修、访问与对外合作的力度，建立起长效的交流和合作机制，并注意校内成员之间的合作与交流，利用团体优势和集体智慧促进人才培养；另一方面，地方高校在条件还不具备的情况下，没有必要盲目模仿某些一流大学和国外高校对行政管理人员专业化的要求，应重点学习其先进的行政管理理念和管理方法。此外，地方高校在行政管理队伍建设方面，可以突破传统观念的束缚，树立"不为所有，但求所用"的观念，聘任国内一流院校和海外院校的行政管理专家来校兼职。这样，既有助于补充行政管理综合实力的不足，又有助于带动校内其他行政管理人员，特别是青年行政管理人员的成长，提高办学效益。

（三）做好专业化的培训规划

地方高校行政管理人员是一个特殊的群体，他们既是知识生产的管理者，也是知识共享的协调者和知识创新的支持者，其素质、管理水平的高低，对地方高校的办学水平、办学效益乃至生存与发展都起着至关重要的作用。知识经济时代，知识更新的速度不断加快，任何组织和个人都不能停止学习。

1. 实施培训需求分析

培训需求分析是指在设计和实施每项培训活动之前，由培训主管部门采用科学的理论和技术手段对组织及其成员的目标、知识、技能等方面进行的系统鉴别和分析，以确定是否需要进行培训、培训内容是否符合个人需要。培训需求分析是制订培训计划、评估培训效果、实现培训目标的重要基础，因此，培训活动的开展务必要有培训需求分析，这是明确管理人员希望参加什么内容和形式的培训、期望达到什么样的目的，进而产生什么样的效果，通过培训需求分析也是为管理人员职业生涯发展和自我成长进步奠定一个科学的理论基础。对地方高校管理人员的分析可以分为四个步骤进行：发现问题、提出设想、收集资料、分析研究。

部分地方高校发展的战略，存在科研实力较弱，对管理人员培训重视程度不足，培训内容针对性、目的性不强，培训计划不够全面科学，培训考核评价缺失等问题。因此，需要进一步完善培训开发流程，包括从培训需求分析，到培训计划的制订实施，再到培训结果考核和评价等。整个流程的实施要以学校发展战略为基础，对不同岗位的管理人员根据岗位职务职级、组织需求和个人发展实际等进行分类培训。培训的内容既要与时俱进，与教学发展的最新政策理论相联系，又要脚踏实地与个人岗位实际紧密联系，准确把握管理人员对培训内容、形式、效果的需求。只有准确、科学、高效地把握地方高校管理人员学习的需求，才能为有效开展培训以及进一步实现人才资源的有效配置奠定良好基础。培训需求分析明确以下几个问题：是否需要培训、在哪些方面需要培训、培训的内容有哪些、哪些人员需要培训以及需要什么样的培训，务必明确地方高校行政管理人员当下所面临的机遇和挑战、自身管理工作的主要任务。

从人力资源管理的整体性上讲，培训需求分析将是保证培训完整性的一个重要步骤，为培训之后的人力资源开发奠定科学基础。学习型组织理论从个体的角度出发，侧重学习者个人内部的变化，提倡个人应培养终身主动学习的能力与习惯，才能汇聚成团队学习。地方高校行政管理人员专业化理论研究表明，管理队伍具有自我更新的专业发展趋向，也就是说，管理人员具有较强的自我专业发展意识和动力，管理人员的这种自我更新的专业发展取向和理念，决定了管理人员未来个人职业生涯中会自主关注自身技能和知识的更新。

2. 认真制订培训计划

要着力打造以管理人员为学校形象的培训计划。管理人员作为学校各类事务的执行者，在学校内外关系和上下关系的搭建和联系上起着重要作用。科学长效的培训计划能帮助管理队伍内部达成新的共识，将培训知识的精髓导入心灵，使之产生强烈的使命意识、责任意识和忧患意识，激发自身主动学习和提升的动力。

培训计划的制订及内容是为帮助管理人员成功塑造出视野开阔、气质优雅、内涵深厚、品德高尚、爱岗敬业、敢担当、勇作为的能力和气场而设计的，因此，内容上要涉及一些认知提升、心理素质、公关礼仪、性格分析、人际沟通、危机管理、执行力等方面的知识。培训计划的周密性和科学性体现了整个培训工作想要预期达到的效果，如管理人员软实力方面要有奉献精神和责任感，受训队伍要具备地方高校管理专业知识技能等。因此，培训计划的制订要遵循一定培训原则和培训目标，特别是以地方高校发展的目标和战略为核心，这是体现培训导向性作用的重要一环。

3. 合理设计培训内容和形式

培训形式的创新也是需要关注的一个环节，特别是在高等教育和经济社会快速发展的背景之下，地方高校管理人员培训以提升个人综合素养和解决教育管理过程当中实际存在的问题为目的，从而适应地方高校未来发展的需求。地方高校要按照管理人员需求制定培训清单，并且围绕省级主管部门的政策方向，立足高校自身发展定位和特色，以岗位实际和管理人员需要为出发点，着力提升个人素质和能力、现代教育技术运用能力、组织协调能力、时间管理能力、公文写作能力，同时引入政治理论、教育政策法规、业务知识和岗位技能、文化素养、职业道德等培训内容。同时遵循个人职业生涯的成长规律，以体现人力资源开发的必要性。另外，应在培训形式上多下功夫、多创新，将培训中的理论知识转变成为知识技能的培训，使得受培训的人员可以对多个管理岗位的知识技能进行一个宏观的、全局的掌握，并且努力拓宽培训的渠道，加快培训人才的步伐。更为重要的是，在培训工作开展的过程当中注重整体的实效，使培训形式有助于管理人员在掌握新的知识和技术层面上，实现全面素质的提高。因此，在内部不同层次管理人员岗位实际和需求分析基础之上，对培训的形式尽量采用可接受性强、容易实施的方式。其一，可以集中学习，如讲座、研讨、专题研究教学等，其中穿插情境式案例教学和互动教学。其二，可以在线学习，充分利用互联网和信息化技术，拓展培训学习资源和渠道。其三，可以在受训人员工作时通过现场指导，提升其技能水平，改正错误，积累经验。

4. 引入培训结果考核评价

在管理人员培训开发中往往忽略结果考核和评价，这一步恰是培训的重要目的，并且对下一步开发起着重要作用。培训效果考核和评价是进一步完善培训、做好人力资源开发的重要基础。对培训的过程和效果除必要的考核手段之外，还应对评估方法、评估策略、评估体系三个方面进行设计，这三方面的有效实施对提升培训价值起着重要推动作用。

地方高校要想切实做好培训工作并为开发人力资源奠定基础，就一定要做好培训考核评估，一是为下一步优化培训计划提供参考。对培训过程展开考核和评估能有针对性地发现和总结培训过程存在的种种问题，借助数学工具量化出详细的数据，以更科学的方式总结出培训所存在的问题。如受训者的个人背景、培训需求的实现程度、培训讲师的教学水平高低、培训内容是否与所在地方高校实际需要紧密贴合、存在怎样的不足、如何改进等。二是培训效果考核和评价要能反映出培训活动对组织和个人的价值和贡献，明晰培训投入与组织和个人绩效产出的占比。培训考核和评价可以揭示出与参训者能力和组织绩效提升有关的信息，为培训项目存在的价值和回报提供有力的证据，也是下一步为参训人员做好开发的有力保障。三是能及时发现组织和个人自身发展中存在的问题。培训考核和评价需要借助一些形式和数学模型来运行。在考核方式上，地方高校管理人员的培训考核方式可以采取笔试、口试、现场问答及互动交流，同时将培训过程的出勤、课堂互动问答等纳入个人年终考核。在培训效果评价方面，培训评价可以采用柯克帕特里克的评价模型以此满足管理队伍培训效果评价的需要，保证培训效果落到实处。

（四）提升地方高校管理信息化建设

1. 加强管理信息化顶层设计

顶层设计，即自上而下的设计，是从全局的角度出发，抓住重大问题，统筹考虑各层次、各要素，集中有效资源，快速高效解决问题的方式。其核心就是使各层次、各要素围绕核心理念彼此衔接、运转。

目前大多数地方高校虽然制定了管理信息化的规划，但是受限于各种因素影响，整体性和长远性都有所欠缺，存在系统数据标准不同且难以集成、各部门系统重复建设、系统建设未考虑学校长远发展等问题，很难引领学校的管理信息化整体发展。因此，我们要想科学合理地进行管理信息化顶层设计，就要运用好数字治理理论，从整体性出发衡量人员理念、运行机制、建设标准、发展阶段、实践需要等各个层次、要素，有效规避各类风险，保障地方高校管理信息化的有序健康发展。

2. 加强管理信息化机制建设

（1）统一标准、统一规划的建设机制

管理信息化是一项系统工程，其建设规划是做好管理信息化工作的先决条件，也是管理信息化建设的依据和指导纲领。而统一的建设标准是完成共享数据库建设的基础，也是学校管理信息化长远发展的需求。统一的信息标准规范、用户标准规范、运维服务标准规范、信息安全标准规范可以最大限度地实现数据共享、保障系统后期运维、提高服务质量、保障信息安全，有效防范管理信息化过程中的各种弊端。当前大多数地方高校已经制定了统一的建设标准，达成了管理信息化职能部门统筹全校管理信息化工作、负责全校管理信息化规划的共识，但是在地方高校实际建设过程中，仍存在系统数据标准不统一、系统重复建设等问题。深究其原因，一是管理信息化建设标准的制定晚于系统建设的时间，前期建设的系统受限于业务流程正在使用或合同限制，无法进行统一标准的修改。二是学校系统大多采用直接购买的形式，系统数据标准和学校建设标准有较大出入，修改耗费大量时间和人力物力。在系统集成整合的过程中，同一标准、同一规划的建设机制如果得不到落地，将直接影响数据共享的进程和质量，影响地方高校高质量内涵式发展，阻碍地方高校治理能力现代化的进程。

第六章　地方高校行政管理人员的专业化建设

基于上述分析，对信息系统建立统一的建设标准是非常有必要的，对于新建的信息系统，不论采用何种合作方式建设，都应该遵循信息化部门的要求，只有这样才能保障各系统在硬件管理、软件管理、安全防护管理等方面的稳定运行，保障数据的"一数一源"，消除数据孤岛。

（2）全覆盖、全周期的互动机制

管理信息化各主体间的良性互动关系，可以约束各自的权利、协调各方的利益关系、更好地整合管理信息化资源，推进我国地方高校治理能力现代化。在信息化建设过程中，务必以用户需求为导向，注重双向沟通，不断调整建设方案。现阶段地方高校许多系统交付使用后功能使用率不足三成，究其原因就是与用户互动机制尚未建立、与用户沟通不畅，仅仅按照自身业务进行管理信息系统建设。所以，必须建设贯穿管理信息化系统建设全周期的多方参与互动机制，广泛吸收用户的意见。

学生作为管理信息化的重要参与者和最终使用者，其想法需求直接影响系统建设效果。因此要畅通沟通渠道，创新学生参与形式，为学生用户参与管理信息化建设创造有利条件。在管理信息化项目立项之初采用调查问卷的方式收集学生需求，获取学生的想法和顾虑；在项目施工过程中允许鼓励更多的学生参与其中，通过实地访谈等方式采集意见；随机选择部分学生，参与建设的协调会，并让其负责部分工作；在管理信息化项目测试使用阶段，要大规模邀请学生参与测试，并根据反馈意见及时进行修改。

教职工对于管理信息化产品整体满意度较低，主要是反映在管理信息化产品对教职工反馈更新不及时、系统操作复杂、缺少产品的使用培训等方面。因此在今后的管理信息化建设中，要注重及时跟进反馈意见的修改，加强与教职工用户的交流沟通，主动跟踪其需求变化。

（3）科学客观的评价考核机制

在管理信息化的建设过程中，采用科学客观的评价机制，可以准确掌握学校管理信息化建设的情况，为下一步的建设决策提供有力支持，促进学校管理信息化的高质量发展。

现阶段我国还未建立统一的信息化评价指标体系，现有的指标体系导向性、驱动性、动态性不足，往往存在信息化职能部门既是建设者又是裁判员的现象。因此，要通过完善信息化指标体系、引入多元的评价主体等方式构建科学客观的地方高校管理信息化考核机制。

（4）实时透明的监督机制

管理信息化监督机制就是各参与者对管理信息化工作和人员行为展开观察、评价及改造的系列过程，强调监督过程的公平透明、实时准确。现阶段我国地方高校存在信息资源不足、工作效率较低及监督成效不理想等问题，因此，要通过大数据等新兴技术改变传统监督方式受时间空间人力限制的现状，构建"互联网+监督"机制。

大数据监督采用智能化的手段，通过建立互联网监督平台有效控制监督成本、拓宽监督区域、缩短监督环节。这种方式使监督人员和被监督人员联系更加便捷，大大提高了处理问题的效率。

（5）高效及时的运维管理机制

目前，我国管理信息化建设已进入深水区，地方高校的硬件设备、信息系统及数据量不断增加，地方高校运维管理难度不断增加，而我国地方高校在运维管理队伍培训考核、运维管理操作流程与衡量标准等方面还不够完善，不能有效支撑管理信息化运维工作。因此，必须建立高效及时的运维响应机制，提高运维管理的效率和质量，保障师生用户的服务体验。

地方高校应建立高效的运维管理机制，明确运维的对象和内容，实时监控设备系统的运行状态；根据问题的影响和紧急程度实施分级管理，明确对应的响应时间和应急处理预案；建立运维管理手册，通过标准化、规范化的操作指导有效提高管理水平；加强运维管理队伍建设，通过进修培训、自学、科研等方式提高专业水平；明确管理责任制，避免工作推诿等问题。

针对学生提出的响应时间较长、维修不及时等问题，学校应加强与学生用户的沟通互动，及时获取问题产生的原因，建立问题解决反馈机制，提高学生的用户体验。针对教师提出的运维人员服务响应及时但问题解决水平差的问题，学校应加强专业的技术培训，同时建立并完善故障库，储备运维管理知识，这样才能缩短解决问题的时间。

3.加强管理信息化技术应用

应用前沿办公信息系统与加强地方高校行政管理信息化技术应用并行。积极引进国内高校运用的前沿教学、科研、管理服务综合信息系统，推动建设智慧校园进度，设立专项经费保障智慧校园基础设施建设。构建一体化行政事务办理与审批系统、财务预算与审批系统、数字化办公系统、师生与职工综合测评管理系统等子系统构成的行政综合管理服务系统，实现跨子系统的数据共享与资源共建，提升行政管理办事效率，降低行政办公成本，提升行政服务水平与教职工及学生满意度。

4. 加强管理信息化资源整合

（1）建设校级数据标准、数据字典

地方高校的教学、科研、行政管理等各方面都需要进行数据的采集和处理，当前一些地方高校还未建立起自身的校级数据标准和数据字典，数据字段在相互独立的各部门系统进行重复采集，这种方式直接造成了数据重复和不准确，进而在数据共享的过程中需消耗大量的人力物力进行核查。

通过数据字典的确立，实现一次采集为全校各系统共同使用，确保了各数据的准确性、唯一性。同时，统一数据标准可以实现各系统、各处室的统一管理，大幅提升工作效率，节约各类资源，促进系统的数据共享。数据中心可以对数据字典的数据进行深层次、多维度的分析和处理，对一些未知的情况做出科学的预设和判断，使管理方式变被动为主动，进而辅助地方高校科学决策。

因此，地方高校要统筹全校管理信息系统的集成和数据的交换共享。首先，做好信息系统管理所需要的硬件资源规划，整合现有资源，构建校级数据中心。其次，在做好硬件资源建设的基础上，统一各管理信息系统的数据库、数据接口、中间件等关键环节的管理，确保数据在各管理信息系统间的高效有序流通。最后，明确管理信息化部门的定位和职责，由信息化部门负责全校管理信息系统的建设。定制开发管理信息系统，需由信息化部门统一沟通协调，参照学校数据标准建设，通过系统对接和数据同步的测试之后方可上线运行。

（2）梳理现有服务，进行流程更新

对学校现有管理信息化服务进行全面梳理，综合全校管理信息化的发展，全面设计管理流程，实现最优服务。主要从管理理念、服务意识、管理机构设置等方面进行更新。要进行管理理念的更新，统筹全局，科学规划，改变将管理信息化作为手段的思想；实现以提高用户满意度为导向，真正实现以人为本的教育理念。

新公共管理理论认为政府应以顾客或市场为导向。以顾客为主体，以顾客满意度为中心，行政权力和行为均围绕顾客满意度展开，向着"行政服务"转变，提供高效的公共服务，而公民就是享受公共服务的"顾客"。基于此，地方高校管理信息化工作要提高服务意识，以师生用户需求为中心，加强需求调研，重视师生用户体验。建立基于满意度的反馈机制，对服务态度、专业水平、服务质量等多个因素进行评价。

5. 加强管理信息化安全管理

地方高校网络信息安全涉及技术和管理等多个方面，决定了管理信息化的成效。相比网络信息安全技术的不断进步，现阶段网络信息安全管理的问题逐渐凸显，越发被社会关注。

目前，我国地方高校网络和信息系统安全存在的缺陷主要有四个方面：一是管理和安全体系不够完善，没有覆盖管理信息化的全过程周期，制度不够科学、规范。二是管理信息化中多方参与机制没有形成，主动参与度不高，没有形成统一的共识。三是缺少有效的管理监督机制，对管理信息化安全管理的职责不明确，监督不到位。四是管理信息化各参与者网络信息安全意识缺乏。因此，地方高校应做到：①对各信息系统和网站实行全周期闭环管理，主要涉及网络安全准入、网络安全评估、日常网络安全检查、年度安全审计等方面，避免因关键环节遗漏造成网络信息安全事件。②构建科学合理的监督防范机制。落实网络信息安全责任，创新网络信息安全监督方式，通过网络安全运维管理平台等形式实现实时、透明、有效监督，避免因管理人员疏忽导致网络信息安全事件。③加强网络信息安全宣传和培训。采用丰富多样的培训方式提高管理信息化建设各参与者的网络安全意识和素质，促使决策层、管理人员、广大师生达成"网络安全为大家，网络安全靠大家"的新共识，实现共建共治的新目标，为网络安全管理奠定基础。

随着地方高校信息化建设的不断深化，大学校园内的各种信息资源日益丰富，但也带来了对网络信息安全的威胁。面对当前复杂的网络环境，各地方高校要全面、有针对性地加强对网络安全的检查，尤其对那些建得比较早的网站、系统，及时解决"僵尸"问题。同时，对各个系统进行容灾备份，建立不同的数据、应用和业务系统，并利用远程镜像、快照、备份一体机等技术，减少因校园网络安全事故所带来的经济损失。

通过上述分析不难看出，地方高校信息安全防护是一项长期的系统工程。病毒、木马的高发性及异变性决定了地方高校需要不断优化自身网络安全防护机制。地方高校必须提高各参与者的网络安全意识，努力形成共识，同时通过创新监督方式有效监督安全管理运行，实施全周期闭环管理、分类管理，有针对性地对重点环节、重点系统进行监控，这样才能形成一种共建共治共同防护网络安全的新局面。

6. 加强管理信息化建设组织结构

在追求竞争和效率的今天，管理信息化的应用起到了优化工作流程、提高管理效率、辅助决策等作用，使我们能够在竞争中脱颖而出。管理信息化完美契合国家实施"双一流"高校建设的理念，打破终身制，鼓励竞争，注重绩效，这也是新公共管理理论在高等教育中的一次实践。

我国现有地方高校管理组织结构的设置不够科学、规范，直接或间接影响了管理信息化的进程。因此，我们要通过整合信息化部门提高其协调和影响能力，通过扁平化管理打破阻碍管理信息化发展的科层式制度，创建数字空间的虚拟大学。

7. 加强管理信息化队伍建设

地方高校管理信息化队伍，肩负着学校管理信息化顶层规划、系统建设实施、系统运维管理等工作，其理念、做法直接影响着学校管理信息化的建设质量和水平。然而，当前地方高校管理信息化队伍存在定位不清、规模不大、职称难评、薪酬倒挂的问题，影响了管理信息化队伍的积极性。因此，要从理念、编制、人才队伍、发展机制等方面进行改革，解决时代赋予"责任之重"与行业惯性所带来的"定位之轻"这一根本性错误。

（1）明确管理信息化队伍定位

现阶段部分地方高校信息化部门还承担着低水平的维护工作，部门定位不高，许多政策难以执行。这导致管理信息化人才无法得到可持续的发展，信息化部门的统筹、引领作用无法施展。因此，要明确管理部门在全校管理信息化工作中的引导地位，推进制度的执行，统筹全校管理信息化工作。

（2）创新用人模式

地方高校管理信息化人员在做好全校管理信息化的规划、组织、实施之外，还需要对地方高校管理信息化的软硬件资源进行运维管理，其服务范围广、工作量大，因此要引入更多的管理信息化人才，加强管理信息化团队建设。与此同时，还要积极进行用人模式的创新实践，实行专职与兼职相结合模式，再通过购买服务等形式吸引社会人才更多地参与管理，真正实现地方高校管理信息化的多元化管理。

（3）完善分类评价考核体系

近年来，国家出台多项高等教育职称改革文件，坚决克服"唯学历、唯资历、唯'帽子'、唯论文、唯项目"的评价倾向,落实分类评价体系已成为地方高校评价考核体系的关键。管理信息化人才评价体系应充分考虑岗位特殊性,建立涵盖服务满意度、工作业绩、专业水平等多维度的考核指标,变定性评价、静态评价为定量评价、动态评价,更好地激活管理信息化队伍内部竞争,更好地提供优质服务,更好地体现管理信息化工作对学校管理的价值和贡献。

（4）推进薪酬制度改革

现阶段,我国各地相继出台了人才引进的优惠政策,人才竞争愈发激烈。管理信息化人才作为兼顾管理与技术的复合型人才更是为市场所追捧,而地方高校人才选录一般采用"一刀切"式的待遇,与市场差距较大。因此,只有通过薪酬体系的改革和创新人才激励机制,才可能留住高端人才,并吸引更多人才。此外,还要给予专业人才相应的待遇倾斜,以此吸引更多"管理+技术"的复合型人才。

第七章　地方高校行政管理创新的策略

创新是地方高校发展的根本动力，也是提高地方高校社会影响力的重要保证。因此，在地方高校行政管理工作中，应认识到创新的重要性，并且采取有效的策略，积极进行行政管理工作的创新，从而有效提高地方高校行政管理的质量，推动整个地方高校的良好发展。本章分为地方高校行政管理理念的创新策略、地方高校行政管理环境的优化策略、地方高校行政管理体制的深化策略、地方高校行政组织机构的变革策略、地方高校绩效考核机制的完善策略、地方高校行政管理执行力的提升策略、地方高校行政管理人员绩效管理体系的构建策略七部分。主要包括强化服务理念、转变高校治理理念、加强职业道德规范建设、地方高校行政管理体制深化的价值意蕴、地方高校行政管理体制深化的策略探讨等内容。

第一节　地方高校行政管理理念的创新策略

一、坚持"去行政化"理念

公共治理认为治理应当由多元化主体参与，同时涉及公私部门。因此，在高校的行政管理工作中，要深化"去行政化"的管理理念，政府、社会、高校要形成良性互动，政府不应过分干预高校管理，但也不能完全不闻不问，而是在充分尊重高校自主权的基础上进行管理。

高校行政化指的是高校在管理和发展的过程中受到政府过多的干预，沿用政府的行政管理方法，限制了办学自由，影响学校的自主发展。从高校内部管理来看，行政权力被滥用和泛化，导致学术权力和行政权力失衡。由于历史原因，在新中国成立后政府掌握了高校的办学自主权，对高校进行行政化管理，在这一时期，这种管理体制的运行为高校指明了发展方向，提供了充足的资源支持。但随着社会主义市场经济的发展，行政化的管理体制开始阻碍高校的进一步发展，产生了机构臃肿、人浮于事、学术氛围不浓厚、资源分配不均衡等问题，因此，要提高地方高校的行政管理效能，就要协调好行政权力和学术权力的关系，二者之间不能出现越位、错位和失位。要坚定"去行政化"的管理理念，转变政府职能，不能让政府过多干预高校管理，确保高校自主办学；要平衡高校内部权利的分配，摒弃完全依赖行政级别进行分配资源的做法，发挥学术委员会的核心作用，创建浓厚学术氛围，确保学术自由发展；重视机构的协调发展，优化行政管理手段，健全行政管理制度，实现管理的民主化。

高校自治指的是高校实现自我治理，自主决定教学、学术研究、管理活动，是高校实现人才培养、科学研究、社会服务等功能的内在要求。地方高校在管理中要充分发挥自身的自治管理，适当弱化行政权力对高校的管理，充分发挥学术委员会的作用，实现大学自治和学术自由。

二、强化服务理念

新公共服务理论认为服务并非掌舵，地方高校行政管理人员不能只以管理者的身份自居，还应该树立服务者的管理理念，打造服务型高校行政管理模式。也就是要求行政管理工作人员要以师生为本，关注师生的切实需求，通过完善行政管理服务制度，强化服务意识，改善服务手段，为全体师生提供高效、优质的服务。

地方高校在管理时应以人为本，充分考虑教师、学生的需求，行政人员在开展工作过程中应提供专业的服务、规范的服务、优质的服务。地方高校行政管理工作经常涉及大量专业性较强的管理工作，只有专业化地处理工作才能最大限度减少行政事务中不必要的环节，提供优质服务。面对繁多、复杂的行政工作，工作流程应具有规范性，这样才能高效地开展工作，提高管理效能。师生对行政管理工作的满意度也是衡量行政管理效能的重要标准，行政人员必须要在相互尊重的基础上用服务的态度、人性化的管理方式开展工作。在具体的工作中，要一视同仁，公平对待，无论对象是领导、教师、学生还是社会人士，都要做到"以人为本"，提供优质服务，努力使行政管理者、教师、学生之间形成一种互相尊重、彼此平等的和谐关系，最终实现行政管理效能的提升。

三、转变高校治理理念

（一）破除"官本位"思想

我国"官本位"的思想根深蒂固，这种思想也一定程度上影响了地方高校的发展。"官本位"的思想理念就是谁的官职最大，谁的权力就最大，这就使得很多人在价值观的选择方面受到了很大影响。很多官员所占据的资源非常丰富，使得很多优秀的人也去追求官职。在这样的大环境下，个别地方高校的工作人员也产生了去追求官职的想法，进而引发了一系列的问题。

因此，要大力破除"官本位"的思想，才能够推动地方高校治理理念的转变，推动高等教育的发展。一方面，需要加大对高校管理人员的职业素质培养，特别是在思想道德建设方面要进一步强化；另一方面，对于科研人员的主体地位，不仅要在物质上进一步提升，而且在后勤的保障以及社会地位方面也要给予更多的重视，在思想上要使其牢固地树立学术本位的理念。

（二）树立自主自治观念

要逐步实现地方高校"去行政化"的目标，就需要树立自主自治的观念，在政府的指导下开展自主治理。在我国，地方高校要完全地离开政府来实现自主的发展是不可能的，因此，必须加强学校本身作为办学主体的这种理念，构建中国独特的现代化大学管理模式。长期以来为了我国发展战略的部署，我国的高校都采用了政府集中化的管理方式，在方针和政策上缺乏自主性，很多都是行政命令式的管理，这就形成了部分高校依赖政府的习惯，自主性逐步弱化。地方高校在科研教学等方面都依赖于政府，长此以往，直接影响了社会经济的发展。

要树立自主自治的观念，需要从以下几个方面来实施：一是需要高校按照其自身的规律和教育的规律而逐步地进行发展；二是要加强对于高校法律法规的完善，要依靠法律的支持来维护自身的权益；三是要加强地方高校内部的管理，弱化行政权力所带来的消极的一面，要摆正学术权力的地位，摸索出一种新型的发展模式，从而推动教育的现代化发展。

（三）树立治理理论观念

治理理论要求多元主体的共同参与，对于地方高校解决"去行政化"的问题，要实现高等教育的发展必须要让各个利益主体都能够充分地参与进来，要将高等教育的规律铭记在每一个利益者的心里，达到既相互融合又相互监督的效果。同时加快转变目前地方高校中的行政观念，摆正学术本位的理念，更加重视学术观念。要使得科研人员树立服务学术的意识，通过各个利益主体的理念转变，为地方高校的发展扫清障碍。另外，也要鼓励社会力量的参与。

第二节　地方高校行政管理环境的优化策略

一、加强职业道德规范建设

地方高校教师与行政管理者因多种原因形成价值观冲突。在这些原因中，一个重要的原因是教师和行政管理者的地方高校整体目标感不强，双方大多没有把高校整体目标作为自己的工作指标。双方要对自我角色进行定位，明确岗位职责，可以从三个方面入手：一是地方高校教师和行政管理人员两个主体必须共同努力；二是地方高校教师要专注于教师培养和科研创新工作，积极参与学校各项建设活动，配合学校有关部门的各项工作；三是地方高校行政管理人员不断加强自身的学习，努力改善和创新自己的工作方式，提高自己的管理能力和水平，在做好本职工作的同时，加强自己的道德水平修养，树立正确的权利观念，强化服务意识，处理好与教师的关系。

二、建立合理轮岗制

通过合理轮岗来发现问题和自我定位。许多行政管理人员由于一开始的角色定位不清和岗位职责不明，在岗位上不能发挥出自身所长，那么设立合理轮岗制度可以从以下两个方面来实现：一是常规轮岗，比如在行政管理A岗工作两年了，正常轮换到B岗；二是主动申请，认为自己有能力胜任A岗或B岗两个岗位，都可以向组织提出来。同时，在岗位的实践上需要加强沟通交流来达到岗位经验分享的作用。设计一套行之有效的内部交流轮岗机制，建立评价体系、监督体系，同时不断地推行轮岗合理化的研究工作。

三、加强行政管理的信息化建设

我国地方高校教育信息化建设的步伐逐步加快，这与国家的大力扶持密不可分。通过准确定位，对信息化建设的范畴进行合理界定，行政管理信息化建设应本着以"信息服务于行政管理"的原则，但这里有一个问题，是先于教学还是先于行政。很显然这也是信息化建设能否推进的根本，所以从这个角度出发，需要树立以教育为核心的意识，无论教学管理还是行政管理其管理目标的最终价值是教育，所以地方高校的信息化建设应保证教育优先，在这个大框架下来进行教育的细分和信息化建设的开展。当然还要考虑经济可行性、管理可行性和应用可行性。这样一来，地方高校信息化建设在硬件建设和软件建设两方面都需进行充分加强，而软件条件往往是被忽视的内容，但在行政管理中起着很大的作用，因此必须从网络生态体系建设和人工智能等应用平台的软件建设出发，配备计算机库、服务器等，实现师生团队信息化管理、教学科研信息化管理、学生宿舍信息化管理、课堂教学信息化管理和行政管理工作信息化管理，从而形成有机生态。

完善信息化基础设施，丰富信息化建设资源是提高行政管理水平的辅助条件，而信息化建设基础设施是保证其能得到有效应用的必要条件。应用网络教室类软件系统在今天要做好移动端和互联网的建设，在保证正常网络教学与实验秩序的同时，建设行政管理工作网，让学生可以通过此类软件系统与行政管理人员无缝对接。从行政管理人员信息化建设的高度出发，完成基础建设，在此基础上不断丰富信息化资源、行政管理功能及其他应用能力的建设，强调教育先导，把行政管理人员和教师有机地融为一个整体，做到全校教育资源的共享和行政管理工作的公平公开。

第三节 地方高校行政管理体制的深化策略

一、地方高校行政管理体制深化的价值意蕴

地方高校行政管理体制是高等教育体制的核心部分，在高等教育体制改革中发挥着举足轻重的作用。

（一）行政管理体制改革是地方高校落实自主办学的迫切需要

提高地方高校教育教学质量的前提是高校内部行政管理科学化，而改革地方高校内部行政管理的前提是扩大高校办学自主权，即高校不受政府行政管理约束，结合自身的发展实力，独立行使进行院校改革的权力。扩大地方高校办学自主权，是指政府对地方高校管理进行"放权"，地方高校对内具有教师招聘、招生、专业设置、院系设置及物质资源分配等自主权，对外具有服务社会、联系企业、引进投资、科研成果产业化等自主权。

新时代背景下，各个高校若要在新一轮高校竞争中取得胜利，必须落实自主办学，将改革关键点对准地方高校行政管理体制。地方高校只有实现科学的行政管理，才能落实高校办学自主权，以管理促发展。当然，政府放权给高校，地方高校要合理、科学地落实并使用自主权，承担相应的责任与义务。对此，地方高校关键要进行行政管理体制机制改革，促进管理效益最大化，从而真正落实、合理使用自主权并提升综合实力。

（二）行政管理体制改革是高等教育步入普及化阶段的客观需求

随着我国高等教育规模的不断扩大，高等教育已经步入普及化阶段，地方高校的办学规模也随之不断扩大。地方高校行政管理体制改革是对高校内部进行的改革，地方高校的发展壮大离不开改革。地方高校突破自身行政管理体制出现的弊端与问题，进行大胆改革，积极探索新时代背景下适合地方高校发展的管理新举措，对推进地方高校的建设发展具有重要作用。

高等教育发展新阶段，高等教育的质量可以为社会及个人带来效益，高等教育的公平公正依旧是社会关注的焦点与核心。地方高校行政管理体制改革是保障高等教育质量的客观需求。对此，各个高校要积极进行相关体制改革。一方面，地方高校行政管理人员要加强相关的研究，以地方高校行政管理学理论指导实践，解决管理问题；另一方面，地方高校要进行合理的管理人员职位安排，提高管理水平和效益，充分发挥地方高校行政管理作用与价值，提高办学效益，不断满足高等教育普及化阶段的客观需求。

（三）行政管理体制改革是国家行政体制改革深入推进的政治要求

中国特色社会主义政治制度的不断完善与发展，离不开我国政治体制的改革与创新。政治体制的变革对我国地方高校行政管理体制改革提出了最为深刻的政治要求。行政体制改革是政治体制改革的重要内容，转变政府职能是深化国家行政管理体制改革的核心。国家行政管理体制改革是以国家优化政府职能、提高政府公共服务为目标。因此，国家要实行简政放权。在高等教育领域中，国家给予地方高校足够的办学自主权，地方高校行政管理改革由高校自行主持，政府主要起监督作用。

所以，地方高校行政管理体制改革不仅仅是高校自我革新及提升综合实力的重要举措，更是国家行政体制改革的重要组成部分。国家通过政治体制和行政机制全方位多角度的改革，加快中国特色社会主义社会的建设进程，形成巩固人民民主专政、维护社会和谐安定的美好政治局面。加强地方高校行政管理体制改革，是社会公平接受高等教育的保障，是促进社会发展的驱动力，是维护社会稳定的压舱石。

二、地方高校行政管理体制深化的策略探讨

（一）更新行政管理理念

人才培养是高校工作的重点，地方高校教育教学工作、行政管理工作都应围绕人才培养这一基本职能而展开。加强地方高校行政管理体制改革，是地方高校教育教学工作的质量保障。当前，由于地方高校管理者、行政管理人员对地方高校行政管理理念认识不足，影响行政管理体制改革实施。对此，地方高校应更新行政管理人员管理理念，加强管理人员素质培训。

第一，地方高校应开展行政管理体制改革相关会议、主题论坛，使行政管理人员深入学习解读相关国家政策。通过政策学习，提升地方高校行政管理人员整体素养，培养其责任意识，明确地方高校行政管理改革的目标与方向。

第二，地方高校应加强行政管理人员的专业知识培训。行政管理人员需要拥有专业的管理理论知识与探索学习的能力，并及时更新自己的知识库，积极学习国内外优秀的院校管理经验，通过理论指导实践，从而保障地方高校行政管理目标的实现。

第三，从行政管理人员自身来看，一方面应自觉承担管理责任，服务地方高校教育教学工作，另一方面应提升责任意识，积极参与工作，提高工作效率，防止职业倦怠现象的出现。

（二）厘清行政管理职责

地方高校行政权力与学术权力是高等教育管理体制重要组成部分，这两种权力是相辅相成的关系。学术权力是地方高校行政管理职权实施的目的与核心。当前，地方高校行政管理职权泛化导致地方高校处于行政至上的状态。要解决这一棘手问题，地方高校必须厘清行政管理人员的职责，重视学术人员的权力。

第一，地方高校应在校内各个行政部门营造学术探究氛围，充分发挥行政管理人员学术探究的自我监督职能。

第二，地方高校应加强对高校教育教学、科学研究的资源配置，从物质投

入的角度增加对高校学术的重视，提高行政管理人员服务学术的认知与意识，平衡地方高校学术权力与行政权力。

第三，地方高校应建立公平公正公开的高校决策体系。比如，地方高校可以充分发挥教职工代表大会、学生会的作用，让教师代表、学生代表与行政管理人员共同参与学校决策等有关事宜的讨论，提高地方高校行政管理工作实施的有效性。随着国内高校自主办学改革的不断深化与发展，地方高校需要进行决策的相关事宜越来越多，厘清高校行政管理人员职责，明确高校教师、学生、行政管理人员等利益相关者参与决策的权利与义务，对地方高校的发展非常重要。

（三）完善行政监管义务

我国正处于社会转型的关键期，地方高校行政管理体制必须进行改革，以适应社会政治、经济、文化的发展。地方高校应完善高校行政管理部门的监管义务，构建地方高校行政管理人员的考评问责机制，促进地方高校行政管理的变革与发展。

对此，地方高校应建立健全行政管理工作过程的监管体系，对地方高校行政管理人员的工作分为三个阶段进行实时监督。

第一个阶段是工作之前，要求行政管理人员以问题为导向，发现需要整改的事项，结合传统管理方式与管理经验，创造性地提出整改意见与建议，并向有关人员公开。

第二阶段是工作过程中，高校应简化办事流程，相关部门应在受理整改材料之前提前介入调查，缩减审批时限，分离材料审批程序与实际调查程序，缩短解决问题的时间，提高工作效率。

第三阶段是工作之后，地方高校行政管理人员应进行工作总结。地方高校建立的管理人员考评指标应涉及以上两个阶段，从而提高管理人员工作积极性。另外，地方高校应精简行政管理部门，协调行政职能，重视行政考评。地方高校行政管理部门进行改革，必须以建立考评问责机制为核心，构建高效办事、协同共进、规范有序的地方高校行政管理体制。

（四）变革行政管理职能

科学的行政管理运行机制是地方高校正常运行的保障。加强地方高校行政管理体制改革不仅需要显性的制度改革，更需要隐形的管理文化建设，营造民主的行政管理环境。

1. 培养师生参与学校管理的民主意识

一方面，地方高校的本质属性是学术性，地方高校教师应将学术与学校发展紧密结合在一起，培养自身参与学校管理的意识，积极参与学校管理；另一方面，地方高校应将学生纳入学校管理体系，积极采纳和实施大学生提出的相关可行性建议。

2. 充分发挥高校师生民主监督的作用

地方高校应积极发挥"教职工代表大会"和"学生会"的作用，防止地方高校行政管理出现"一言堂"等现象，发挥地方高校师生民主监督的作用，促进地方高校行政管理改革工作的完善与发展。地方高校应不断提升自治能力，提高行政管理工作效率，从而使地方高校行政管理趋于完善，提高整个地方高校行政管理水平及综合实力。

第四节 地方高校行政组织机构的变革策略

一、加强组织机构建设与行政机关人才培养

强化党组织在地方高校行政机关中的领导核心地位，坚定党的教育理念，始终坚持地方高校行政机关在党的领导下服务高校师生的角色定位。针对地方高校行政机关党员比重大的优势，要严肃党风党纪，倡导党员发挥好先锋模范作用，主动积极投身于行政机关组织建设，提倡党员踏实肯干的优良作风，服从地方高校行政效能建设治理能力现代化大局，执行好、落实好机关事务工作，追求质量与效率并进，构建以党组织为核心的行政组织效能建设体系。

坚持人才引进与人才培养并举以及强化综合素质培养。要针对地方高校行政机关人才队伍的实际情况实施好、落实好人才引进计划，让人才进得来、留得住、发展得好，解决人才引进的待遇问题，制定人才引进的远、中、近期发展规划，让新鲜血液在行政机关中体现活力。根据行政机关现有干部队伍情况，分批次、分层次、分情况推进强化综合素质培养。积极提供学习平台的同时建立学习进步鼓励机制，使之愿意进步、愿意学习、愿意发展。

深化编制改革与社会性聘用激励机制建设同步进行。面对地方高校行政机关中存在一定数量的临聘人员和劳务派遣人员的情况，对优秀的、能力卓越的人

员要积极引导考编入编，同时酌情向主管单位申请专项编制，提供转岗转编的机会；对于自身条件稍差，但办事踏实、作风优良的机关临聘人员和派遣人员，要坚持人文关怀与激励机制并行的办法，使之既要有获得感，也要有归属感，从而实现"激励"与"保健"共存。

二、加强成本控制与优化资源配置及管理

健全机关资金审计与预算责任制度以及完善财务管理制度。行政机关制订全面预算方案，从细从严，总量控制与时间节点管理相结合，对月度、季度、年度预算进行专项审计管理，对预算执行机关进行资金审计，使每一笔预算都处于监督管理之中，同时继续执行和强化预算责任制，责任到人，贯彻落实到位。此外，财务行政机关深化行政审批改革，不断完善现有财务管理制度，对于具体财务报销项目进行分类处理，多环节同步进行。依托组织建设中的人才队伍建设的成果，积极培养专业人才，从人力和程序上共同解决报销滞缓的问题。

建立开支公开透明制度与服务商市场化准入和淘汰机制。推动开支公开管理制度建设，及时公开与主动公开并举，同时要求审计机关和纪检监督部门及时跟进。此外，对于支出项目周期较长的开支进行阶段性公开与报告，使每一笔经费开支在阳光之下进行。引进服务商市场准入与淘汰机制，执行市场比价与质量评测工作，严控招投标纪律。准入之后分季度、分学期进行服务商考核与综合评价，留下高质量的服务商，淘汰评测靠后的服务商。定期进行市场价格询价工作，主动与服务商议价，控制好服务成本。

优化资源分配与管理机制，解决需求的同时鼓励创收。针对各个行政机关的具体情况与人员配比要求按需进行资源划拨的同时深入考察各个行政机关经费使用和管理情况，量需而拨，杜绝浪费。同时鼓励担任科研任务和有市场业务的机关走向市场，积极创收，改善营收条件的同时严守纪律、杜绝腐败，使创收处于监管之下。使内部条件改善与外部资源利用的机制成为推动解决行政成本效能建设问题的重要方法。

三、完善决策机制与加强民主参与及科学决策

优化地方高校内部治理现代化顶层设计。在学校党委领导之下积极推进领导班子治理理念现代化建设。需要地方高校领导班子立足本区域高校发展实际的同时也要以科学的教育观念、强烈的革新意识、开放的格局与视野、虚心的进取态度同国内一流高校交流与学习，以之为基础，带领全校师生及行政机关不断开

拓进取。同时主动与主管部门共同探索推进高校现代化制度建设。从制度与规章的层面，明确地方高校发展的方向与未来，在此条件下坚持党委领导下的校长负责制同教职工代表大会、学术委员会等组织相结合，以提升内部决策机构的科学性与民主性。

构建决策分级负责机制与师生参与长效机制相结合。对于决策项目进行合理分级处理，不同层级的决策项目对照相应权限的行政机关，对决策进行全力下放，使主要行政决策机关有足够精力解决重大决策，而一般决策不再成为消耗时间的影响因素；师生参与长效机制一方面是构建师生长效参与决策的制度，另一方面是积极主动公开决策项的相关信息，并在师生群体中选出较高专业水平和个人素质较高的代表进行意见整合，使之有渠道参与决策的同时能够了解具体内容并能够给予科学的意见和建议。

四、优化程序及规范流程与提升行政执行效率

遵循法定程序与科学设置程序相结合。依法规范行政机关事务指令，主动解释和引导执行人员理解行政机关行政指令或任务，加强纪检监察机关对行政事务执行中的过程监督，及时对执行进度及执行结果进行反馈与评价；在设计程序时应提前试验，并在小范围内进行试点，并在这个过程中不断修正程序与简化程序，缩短行政机关事务办理周期，在验证得到通过后，再根据各个行政机关的具体工作性质进行以实际情况为出发点的推广实施。

构建行政执行承诺负责制与公开化标准化行政事务办理机制。推动整合行政执行责任制与失职追究责任制的同时，加强行政机关工作人员绩效考评机制建设，使行政机关工作人员既受到事务执行过程中的制度监督，又能够通过良好的工作绩效机制得到激励；建立及时公开标准的行政事务办理机制，通过现代化信息技术进行流程公开与集中开展针对事务办理流程的规范化培训。统一规范地方高校内部各个具体行政单位的行政文书格式与建立标准化上下行文制度，主动建立"空中文件信箱"，集中共享和发布并及时更新规范性文件，解决行文不畅和审批滞缓等问题。

五、加强服务能力建设与提升工作能力

构建地方高校行政机关工作人员职业教育与培训机制。针对其行政业务的不确定、培训的短期性和低效性问题，确立轮训制度，分批次、分周期进行轮训，同时确立教育结果考核机制，考核过程中实行奖惩制度，使之有机会为提升

服务能力而学习且学习是有效果和有成绩的；同时提供和打造跨部门学习和实践平台，使优秀的行政机关工作人员有交流学习的机会，在了解其他部门工作的同时，反思改进自己的工作行为和方式；鼓励年轻向学的行政机关工作人员继续深造和提升学历层次，多渠道、多平台提升行政机关工作人员的综合素质与工作服务能力。

第五节 地方高校绩效考核机制的完善策略

地方高校教师的绩效考核是一个持续优化的过程，建立健全的考核机制仍然需要结合实践进行完善。在新时代背景下，为了充分发挥地方高校体制机制的独特优势，需要设计出独特的考核机制并及时发现问题加以改善，提升地方高校师资队伍的水平。在进行机制设计的过程中，应当将制定科学合理的绩效考核标准放在首位，只有按照相应的考核标准才可以达到优胜劣汰的效果，挑选出满足地方高校需求的教师，有助于实现地方高校和教师的互利共赢。

一、设定合理的考核目标

作为地方高校人力资源管理的核心部分，教师绩效考核对战略目标实现、办学质量提高等方面具有重要意义。教师绩效评价的过程是一个长期连贯的系统工程，涉及指标设计、运用、考核反馈和结果运用等关键环节。只有从绩效考核目标的设定出发，才能对绩效考核进行高质量管理。

（一）设立明确的教师绩效考核目标

绩效考核目标清晰与否应当注重两个方面，一方面要保证客观公正地呈现教师教学、科研等工作内容，另一方面要结合学校自身特色因地制宜。其中，为了保证客观公正地评价教师工作绩效，可以在考核体系当中设立合理适当的奖惩制度，以此来调动教师的主动性，发挥创造热情，努力为社会输送更多优秀的人才。在结合学校特色方面，可以在绩效考核的教学、科研或社会服务等不同方面给予合理的权重，以此来明确学校的绩效评价导向，持续提高办学质量。

（二）合理规划教师绩效考核的目标

教师自身的工作目标、工作任务等应当与学校总体战略目标保持一致性，二者需要紧密联系，不容分割。学校的战略目标对教师的行为具有指导意义，而教师在制定工作目标时也应当考虑学校的战略方向。学校需要时常对教师进行人文关怀，建立合理的考核机制，将教师融入整个考核过程中，强化其参与度。教师在实现个人目标时，应当努力寻求与学校长远目标相契合的着力点，将工作视为终生的事业，这样也有助于获得精神上的富足。

二、制订科学的考核计划

（一）学校层面的绩效考核计划

地方高校在制订绩效考核计划时，需要以一年为一个考核的周期，以高校上级主管部门为考核主体。在考核过程中，要充分发挥绩效考核的监督管理作用。实践中，各个职能部门需要综合分析与评价地方高校全年度的业务数据等，并结合考核计划获得绩效的终极考核结果。

（二）部门层面的绩效考核计划

部门层面的绩效考核是由绩效考核部门负责的，考核的周期是年度与季度两种。在每个季度的第一个月份的第一周，需要完成上个季度的考核工作。每个部门都需要结合考核结果，分析管理中出现的问题并制定出有效的完善措施。每年的十二月中旬，需要完成年度的绩效考核，同时，年度绩效考核结果可以作为部门获取年终奖金的参考依据。在实践过程中，需要联合财务部门等，对各个维度的数据进行综合分析，结合年初考核计划中的考核标准，获取最终的考核结果，并把考核的结果及时反馈给各个部门，当部门没有异议之后，这个结果就是终极的考核结果。

（三）岗位层面的绩效考核计划

针对各个岗位的绩效考核工作，地方高校需要把考核的工作分派给部门。与此同时，在日常的部门考核过程中，部门内需要成立一个内部考核小组，考核的周期可以选择年度和季度相结合的方式，进行不定时的考察，并将考察的结果作为绩效考核的一项内容。一般情况下，需要在每个月的第一周内完成对上个月的考核工作，并把考核结果作为行政管理人员奖金发放的参考。同样，可以在每年十二月的最后一周完成年度考核，并把考核的结果作为行政管理人员年终奖发放的参考依据。在执行过程中，考核小组根据部门成员的业务情况和日常表现等，对绩效考核指标进行合理的评分，在负责人进行审核之后，被考核者需要签字才能够得到终极的考核结果。除此之外，在对行政管理人员进行绩效考核过程中，还需要采用不定时的抽查考核方法，主要目的是了解行政管理人员偏离绩效目标的原因，并制定出调整的措施。

三、制订合理的考核标准

要在绩效指标选取的基础上，制定合理的考核标准。第一，选择高校层面上的绩效指标，可以结合之前的分析结果来确定，地方高校长期战略目标是为了建成一个国家级别的具有极强影响力的综合性高校。为了达到这个战略目标，地方高校可以尝试通过平衡自身的财务指标与非财务指标以及内外部利益之间的关系等。第二，选择部门与行政管理人员级别的绩效指标，可以结合各个层级的绩效目标设定绩效指标。地方高校每一个部门的职能与业务内容是不一样的，所以，地方高校在选择各个维度的考核指标时，需要各个部门充分考虑到自身特征，然后把地方高校的战略目标进行细分，设定出部门需要完成的绩效目标。第三，当三个层级总绩效目标设定以后，绩效考核者需要在新循环开始的绩效计划中，围绕地方高校的战略目标和绩效的反馈结果，与被考核者进行交流，挑选出最佳的指标，进一步构建出一个全新的绩效考核标准。

四、建立多元化考核主体

最主要的考核评价对象是教师自己、身边同事和上级领导。理论上，这些不同层次的考核对象有助于保证考核结果的准确性，但就现实中的实际情境本身而言，考核情况不尽如人意。

另外，针对外部评价对象和主体缺失的情况，在教师绩效考核主体对象中，可以将外部的专家和学生引入，从而增强主体的丰富程度。其中，学生的评价对学校而言十分重要；外部的专家学者本身就具备高水平的知识素养，并且重要的是他们和本校教师之间并不存在利益关系，这样才能够最大限度地保证绩效考评结果的客观公正性。

（一）自我评价

因为教师自我评价是绩效考核评价中重要内容之一，所以作弊的概率很大，因而很难发挥自我评价的作用。为防止此类情况造成绩效考核结果失真，评价结果不应计入绩效考核结果。但是，自己比别人对自己的了解更深，自己做自我评估可以达到提高自己绩效的目标,所以在进行自我评估时可以在这个考核周期中客观地评价自己的表现,承认自己的不足,及时发现并纠正。

(二)同事评价

教师除了对自己、学校和学生负责,还必须与同事交流和学习,以实现相互或多边合作,并继续为社会培养更多的人才。然而,教师之间会相互比较,希望能够获得更多的利益。在这种情况下,同事的评价很可能会被扭曲,但由于他们的主要专业和学术背景是相似的,相互交流相处的时间很长,对在职教师的各个方面都有更深入的了解。

(三)学生评价

教师的首要责任是教育学生。一般来说,对教师最准确的评价是基于学生的内在需求。教师整天都在与学生交流,学生的评价是非常重要的一个部分,因为学生才是最能够直观地评价任课教师教学水平和能力的群体。

(四)专家评价

校外聘用的专业人员一般具有更广泛的知识和技能,例如绩效考核评估知识和经验,并且和校内教师没有利害关系,所以在对教师进行绩效考核评价时更加客观、准确、全面。

(五)领导评价

领导评价主要有两种类型:直接领导评价和间接领导评价。其中,直接领导评价面向的主要是教研室负责人;而间接领导评价面向的主体是校长。在评价过程中尤其要注意规避"人情",遵循公正公平原则。

五、制订灵活的考核方法

根据地方高校教师的职业发展规律,结合专业资格与教学实际,不断深化教师分级管理,逐步构建教师分类考核体系,探讨教师工作类型和等级。学校可以通过多种优质的教师资源补充形式,开设不同类型的岗位,从合同管理、工作重点、聘任评估期、应聘制度开始,设立博士后、全职研究、助理雇员教职员工等岗位。丰富学校人才队伍,完善人才招聘机制,降低用人风险,精简用工。

以"双一流"建设为基础,结合学校发展需要,遵循"按需设立、按岗用人、分类管理、目标考核、按岗定薪、优工优酬"的管理原则，在学校教师中设立教学研究岗位、教学岗位、科研岗位和实验技术岗位等，建立多种教师职业生涯发展"通道"，设置专职教师岗位，为不同类型、不同特点的教师提供职业发展渠道，教师可以根据其发展需求合理选择发展渠道，能够激发教师的工作积极性与创新性，为学校与教师共同发展提供保障。

为了建立教师分类评价标准，学校教学科研单位必须明确并制定岗位任职标准与岗位工作目的，以科学、技术、人文、经济、管理等各级各类专业特色为基础，根据他们的专业特点，将教师任职期间的岗位目标归纳到教师考核评价体系中。签订岗位目标责任书，建立各类教师岗位目标签约制度，依据法律法规，从数量上和质量上，完善和规范各岗位职责、目标和任务，实现团队与个人发展良好结合，基于分类管理，科学评价教师教学水平。只有这样，才能对教师的岗位职责履行情况进行系统的评价，才能反映绩效考核指标的科学性、客观性和公平性。

地方高校可以探讨改善和优化教师专业评价的方式，进一步细化教师分类评价标准。一方面，按照不同岗位进行分类评价，将教师类型分为教学型、科研型、教学科研型，同时对实验技术岗位教师评价条件、专职科研岗位教师评价条件做出明确规定，教师可以根据实际工作情况与工作概念，选择想要参与评价的岗位。另一方面，科学、技术、人文和经济、工商管理等学科的评价指标，需要根据学科特点的不同，在专业分类和评价体系方面有所不同。

根据岗位类型和学科类型的不同，设置相应岗位和学科的具体评价指标，添加专职教学指标、思政课教学指标、高教管理指标、辅导员指标等一系列考核指标，同时，研究的范畴又分为基础研究和应用研究两种类型，应用研究类型以技术为导向，强调项目和成果的转化率。

六、强化绩效考核结果的运用

绩效考核最为重要的一环就是考核结果的有效运用。若不能有效运用考核结果，这种考核就是一种"走过场"，因此强化绩效考核结果的运用也是十分重要的一环。具体而言，首先，应尽量拉低绩效考核的"神秘感"，也就是让教师理解并熟悉绩效考核的内容，高校也要及时将考核结果反馈给教师。其次，考核结果要和奖惩相匹配。比如将考评结果划分成优秀、良好、合格和不合格，对于前三种可以按照一定的比例发放绩效工资或者晋升职位，对于不合格的教师可以结合实际情况进行岗位调换或者扣除绩效奖励。

总而言之，只有合理高效运用考核结果，才能真正调动教师的工作热情，才能使教师明确自身价值与定位，发现自己的不足与缺陷，从而确定自己的努力方向，激发主动工作的积极性。另外，考核成绩要与系部的相关工作挂钩，可以促进系部教师的管理和监督，有利于促进相关工作的进一步开展。

高校教师考核评价组将评价结果书面通知教师，教师对评价结果持不同意见的，可以在规定期限内向评价组申请复议，评价组根据教师提供资料对结果进行复议，并在规定时间内给予教师书面回复。在评价期间，肯定教师的工作表现，找出教师工作中的不足，同时进行有效绩效反馈。绩效反馈是考核者和被考核者之间就评价结果进行的正式沟通。有效的绩效反馈可以检查教师的绩效，在考核期间还可以发现教师的不足并讨论改进。在反馈过程中，不同意评价结果的教师可以向考核者提出申诉，绩效诉求可以有效降低评价中人为因素的负面影响，通过双方的沟通公开化考核，确保评价的公平公正。对学校的整体竞争力而言，绩效反馈意味着教师个体目标不断向学校整体发展目标推进，两个目标必须保持一致，才能不断提高学校的核心竞争力。

根据绩效评价结果，对优秀者进行奖励，对不及格者进行惩罚。一是对优秀专任教师进行奖励和评价，颁发荣誉证书，提供物质奖励并增加下一学年的月绩效工资。二是对成绩不佳的专职教师适当处罚，减少下一学年的课时量，同时减少下一学年的月绩效工资。在连续两年的考核期内，胜任的教师能继续留任，不胜任者予以辞退。制订专任教师绩效提升计划和专业发展计划。根据本学年教师绩效考核结果，以目标为导向制订下一学年绩效提升计划。根据绩效考核结果，探索教师绩效考核分类管理，充分展示各专职教师的专业能力，从而有针对性地进行培训。

第六节　地方高校行政管理执行力的提升策略

一、提升地方高校行政管理执行力的重要意义

（一）提升高校战略规划能力

当前我国正处于社会主义改革的关键时期，教育体制改革也在不断深化，尤其是在高等教育普及化逐渐加强的社会大背景下，我国高校办学竞争越发激烈，为创设更好的教育环境，高校制定了一系列顺应改革发展的战略规划。要推

动这些战略规划的落地，不仅需要领导层面做出科学的战略决策，还需要行政管理队伍具备强大的执行能力。

（二）提升行政效能

行政管理人员的执行力是提升整个高校行政效能的关键。如果行政管理人员的执行力较差，则容易出现管理层下达的某些指令，下级执行不到位，同预期目标存在较大偏差等问题。因此，高校行政管理人员的执行力如何，关系高校办学目标和办学宗旨能否顺利实现，关系高校各项行政计划能否落地实施。特别是在高校不断扩招的情况下，高校行政管理工作多而杂，行政管理人员数量有限，在这种情况下，只有提升执行力，行政效能才能显著增强。

（三）提升行政管理人员质量

对地方高校管理工作来说，行政管理工作十分关键，一个地方高校行政管理执行力的高低可以体现出这个学校战略决策、工作部署实践能力和操作能力的水平高低。随着管理理念的不断更新，地方高校的行政管理系统也应该做出改变，行政管理队伍也应该选取一些具有创新能力和吃苦耐劳意识的人才。随着地方高校工作目标的增加，行政管理人员的工作内容愈加繁杂，这样一来，提高地方高校行政执行力十分关键。

（四）提升行政管理工作认知

由一所地方高校的行政管理能力可以看出该校的管理水平，只有每个行政管理人员都认真仔细地完成工作，才能保证行政管理工作的正常进行。提升行政管理人员的认知，对于行政管理执行力建设十分关键。

当前形势下，教育理念一直在不断更新，大学生的思想行为也有很大改变，这些都为地方高校行政管理制度的施行带来了困难。面对这些困难，地方高校要增加行政管理者对于执行力的认知，对现有的行政管理模式做出改革。管理人员认知能力的提升，便于更好地开展日后的行政管理工作。

二、提升地方高校行政管理执行力的对策

（一）树立科学管理理念

为了更好地开展行政管理工作，根据地方高校的实际管理情况制定科学合

理的管理制度，首先需要将行政管理工作进行详细划分，确立每个人的职责，使行政管理各个环节工作的开展更加清晰明了、整体工作的进行更加有序。高校对于行政人员的管理也要做到科学合理，细化管理过程，将责任落实到每个工作人员，提升高校行政管理工作效率。

1. 构建完善行政问责机制

行政执行者集权力与责任于一身，正所谓"权力越大，责任就越大"，因此，在行使权力的同时，行政执行者必须要承担相应的责任。为了将权力与责任划分清晰，保证在权力执行的情况下做到恪尽职守，就必须要将"失职惩戒与失职人员职位晋升、岗位津贴挂钩"，地方高校在制定这方面相关制度的时候，不仅要明确问责主客体，问责的事由、后果，还应该对问责的方式和程序加以明确，确保问责机制的可行性，使其可以落到实处，问责机制要面向每个人，不得有例外和特殊。

2. 建立有效的激励机制

行之有效的激励机制，可以有效激发教师队伍的工作热情和积极性，尤其是在高校人才竞争日渐激烈的今天，吸引和保留更多高素质的教师人才成为地方高校管理的重点，因此，学校要在提高行政执行力的过程中，从"保健激励因素"和"内部激励因素"两个方面入手，以此激发职工的主动性和积极性，构建适合本校的薪酬激励机制，为学校教师提供更好的休息环境、荣誉激励等，不仅如此，激励办法还应该因时制宜、因人而异，真正能够从教师的需求出发，提高激励机制的可行性。

（二）优化行政管理水平

管理人员专业素质的提高对于提升地方高校整体行政管理水平十分重要，学校可以定期对行政管理人员进行培训，以此来提高管理人员的执行力和综合素质，从而实现地方高校行政管理工作的可持续发展。行政管理人员也应该着重提升自身专业素质，在思想上紧跟时代潮流，及时对管理方式做出改变，处理好细节工作，培养自己的应变能力，一旦出现紧急情况也可以从容应对，更好地完成地方高校的行政管理工作。

行政管理工作的有序进行可以推动其他管理工作的开展，对于行政管理改革工作也有很强的促进作用。在日常工作开展过程中，行政管理人员可以不断地积累经验，结合地方高校的实际情况来对行政管理模式进行调整和更新。同时，地方高校领导也应该顺应发展,意识到行政管理工作的重要性,通过加大行政管理工作力度,保证其他各项管理工作顺利进行。管理政策的确立也要以行政管理的工作要求为主,使用专业团队来进行行政管理工作,更好地为教职工和学生服务。

(三)加强管理团队合作意识

要想更好地完成行政管理工作,贯彻落实行政管理政策,首先,要保证全体成员在思想意识上的统一性,使其摒弃传统的管理理念,在管理上更加精细化。领导干部应该率先响应号召,制定有效的监督评价机制,对行政管理工作多加关注,将行政管理工作落实到各个环节。其次,行政管理人员也应该及时做出改变,适应新的管理方式和管理制度,通过培训来认真了解行政管理的核心内容,将其应用到实际工作中,不断提高自身专业素养,在体会行政管理工作对于地方高校发展重要性的同时促进自身发展。

一个团队的成功离不开每个成员的努力,对行政管理人员来说,要想更好地完成行政管理工作,需要团队成员具备一定的责任感,在其他成员遇到困难时能够及时伸出援手,保证行政管理工作的顺利进行。在提升执行力实践中,可以做到分工明确,每个人都能够及时准确地完成自己的任务。团队成员之间建立有效的沟通,每个成员都能够正视别人对自己的评价,面对自己的不足可以及时做出改进,尽可能地开发自己的潜力,不断提升自己,团队成员之间相互学习、共同进步,在不断提高团队综合实力的同时,也提高了地方高校行政管理的执行力。

(四)建立决策机制

完善合理的决策机制,是保障地方高校行政管理层执行效果的关键,在地方高校行政管理工作中,学校领导以及行政部门要结合学校实际情况,建立科学决策机制,这是真正提升行政管理执行力的前提。在建立决策机制的过程中,要做到如下几点。

1. 合理制定管理目标

学校管理层与行政部门要结合学校实际情况以及教学目标,制定科学、合理的管理目标,以这个管理目标为依托,全面推行学校教育教学的改革与创新。管理目标制定要结合学校外部环境以及学校内部情况。审时度势地提升管理目标和发展战略目标的有效性。

2. 坚持人本化管理原则

地方高校行政部门要积极引入先进的管理理念,在管理中坚持"以人为本",

落实民主意识,并将其贯穿于整个行政管理工作之中;学校管理层以及行政部门还应该鼓励和引导全校师生积极参与地方高校行政管理,在学校构建反馈机制时,随时了解全校师生的意见和建议,以此优化决策议题,为提高地方高校行政管理执行力提供保障。

3. 建立完善的问责制度

在地方高校建设发展的新时期,学校行政部门要坚持从学校实际情况出发,制定完善的问责制度,对过失管理人员进行严格的责任追究,确保地方高校决策机制的规范性、有序性,避免滥用决策权的行为出现。

(五)完善监督机制

完善的监督机制是学校行政管理部门执行力得以发挥的保障,因此,学校行政管理部门、教学科研部门要团结协作,结合学校实际情况弥补和完善监督机制,全面提升行政管理部门执行情况的监督与考察力度,以推进地方高校与国家政策制度的有效落实,营造学校内部良好上下级关系,从而促进地方高校行政管理工作的落实。

地方高校行政部门在完成任务的过程中,首先要做好规划和统筹,明确提升执行力的方法,从整体上灵活控制任务完成的进度,根据预期计划对各个管理工作和管理任务进行跟踪,并定期考察工作和任务完成得是否顺利、全面,通过这样的方式缩小计划与实际执行之间的差距,提升行政管理部门的执行力。

档案管理是学校管理的重要内容,档案是学校重大事件以及建设发展的纪录和载体,因此,想要更好地促进地方高校的发展,提高行政管理部门的执行力,其中最重要的一环就是做好档案管理工作。学校可以利用书面方式或电子方式对高校行政管理与评价进行记录,将重要的数据信息完整地储存起来,可以对高校行政管理评价过程进行验证,进而实现对地方高校行政管理执行力的监督作用。

地方高校要拓展监督途径,在发挥纪律检查机关监管作用的同时,强化党风廉政建设,并将民主理念融入监督管理中,实现地方高校行政管理各项措施和方针的落实。同时,地方高校高层管理者要公开听取教职工对高校行政管理各方面的意见和建议,实现地方高校行政管理执行力的全方位提升。

(六)营造执行力文化氛围

营造积极、浓郁的文化氛围,能够有效激发行政管理者的工作热情和积极性,地方高校经历了长期发展,会累积和沉淀很多价值观念、文化理念与行为规范,执行力文化将执行力作为终极目标，能够约束人的行为，引导人的思维，可以提升学校核心凝聚力。在良好执行力文化的影响下，执行者会将文化内涵，完美融合到自身思想意识与行为习惯之中，最后成长为具有良好执行力与自觉性的管理者。地方高校营造良好执行力文化氛围，还可以有效凝聚人心，鼓励执行者积极进行创造，最大限度挖掘出执行者的潜力；执行者能够充分认识到工作、生活、学校之间的联系，进而更加乐于主动投入工作之中，乐于与师生同甘苦、共患难。在这种文化的影响下，学校的各项战略决策会得到更加高效、有序的贯彻和落实。

1. 打造良好的选人环境

地方高校在进行人才招聘、人才培养的过程中，必须要坚持公平、公正、客观的基本原则，要采用多元化的方式，优中选优，最大限度做到"任职匹配"，将个人才能与职位功能完美融合，把好高校人才选拔关。

2. 打造良好的调岗环境

地方高校在新人岗位分配上，如果出现不合理的现象，那么就应该适当进行调整，根据人才特点以及岗位性质进行匹配，最大限度发挥出人才价值和岗位功能，降低工作人员工作难度，从侧面为地方高校行政管理提供支持。

3. 通过宣传营造管理氛围

舒适、和谐的工作氛围往往可以使工作事半功倍，因此，在提升地方高校行政管理执行力的过程中，要注重管理氛围的营造，营造合适的管理氛围是执行力提高的必要条件，具体来说，地方高校要加大宣传力度，使教师、学生对行政管理体制和机构更加熟悉，奠定执行力实施的基础，减少错误认知；管理机制要与学校实际情况相符，要结合学校发展需求不断完善和优化，避免一成不变，只有符合地方高校工作实际的管理机制，才能够充分发挥出效能，促进地方高校的建设发展；高校要积极创新、探索和尝试打破传统管理机制，与社会形势、教育政策的变化保持一致，引导行政管理人员能够积极创新和探索；地方高校要正确面对管理中遇到的各类问题，敢于面对和突破，了解自身管理中存在的不足，并能够在此基础上进行分析和了解，切实解决问题；地方高校管理机制包括内外两个方面，要加强内部监督与外部监督的整合，提升行政管理人员的自觉意识和主动意识，实现积极管理、主动服务，促进地方高校行政管理人员能力素质的长远发展。

4. 强化行政管理人员的责任感

在提升地方高校执行力文化时，学校要重视管理人员责任感的培养，通过各种教育、培训、讲演活动，使管理者认识到自身的责任，能够对自身岗位有正确而全面的认知，了解到自身发展与学校发展之间的必然联系，能够将自己的职业生涯与学校发展相结合，强化行政管理者的社会责任感。学校是人才培养的基地，具有社会责任感与优秀素质的行政管理人员可以为学生树立榜样，在潜移默化中影响学生的世界观、人生观、价值观。

（七）加强理论学习

在新的发展时期，地方高校之间的竞争日渐激烈，竞争的关键就是综合办学能力，而提高学校综合办学能力的关键，就是强化学校领导层与教师队伍建设，将教学方法创新、教研活动与行政管理人员能力提升同步进行，通过各种教育、培训，使其能够掌握更多政治理论，在面对复杂形势的时候，管理人员与教师都能够客观分析问题，解决问题。

地方高校行政管理人员首先要学习政治理论，利用马克思主义、毛泽东思想、邓小平理论、"三个代表"重要思想、科学发展观、习近平新时代中国特色社会主义思想武装自己，坚持社会主义核心价值观，能够准确把握地方高校行政管理的方向，积极落实党的教育方针。

行政管理人员要不断强化理论学习，懂得与各部门进行交流、互动，将各部门工作效率提升上来，地方高校行政管理人员要积极学习贯彻全国高校思想政治工作会议精神，为学校教育事业做贡献。同时，行政管理人员还要善于思考，积极进行思维方式的更新，用发展的眼光看待问题，能够善于进行管理方法的创新，将地方高校行政管理工作推上新的台阶。

第七节　地方高校行政管理人员绩效管理体系的构建策略

一、地方高校行政管理人员绩效管理体系的构建

行政管理人员参与绩效考核体系构建，是保证体系运行的重要基础。因此，绩效考核者要与高校的领导进行沟通，在获得认可以后，可以通过开会的方式与地方高校各个学院的主任进行沟通，明确体系的可实践性，找出体系中存在的问题和优化方案。当大家达成共识之后，可以通过官网或公众号的方式通知行政管

理人员。除此以外，还需要和各个学院进行交流，及时了解各个学院对体系的建议与意见，积极采取有效的措施。需要指出的是，沟通并非上下级的沟通，而是积极鼓励所有行政管理人员参与，从而制定科学合理的绩效考核体系。

（一）设计合理的体系框架

1. 绩效计划过程

这个过程主要是结合地方高校的发展战略，设计具体的绩效目标与行动计划等，并根据上个环节反馈的信息，进一步优化绩效计划。同时，还需要进行有效沟通，从而实现上下级达成共识。

2. 绩效监控过程

这个过程主要体现为绩效辅导，即与工作者进行互动交流，采取基层职工提出的有效意见。同时，可以利用观察、记录等方式，对地方高校的绩效考核情况进行持续性的追踪。

3. 绩效考核过程

这个过程是对地方高校整体、各个部门和行政管理人员绩效计划完成情况进行全面的评价与考核。地方高校可以采取月度、季度、年度以及不定期抽查考核相结合的方式实施评价与考核，最终获得的结果可以认定为终极评价结果。

4. 绩效反馈过程

地方高校的绩效考核者需要结合绩效考核结果，与被考核者进行面对面沟通，进一步了解绩效考核中存在的问题，确保绩效考核的人性化。在谈话过程中，考核者可以获取被考核者的建议与意见，并结合实际情况将这些内容作为绩效考核优化的参考依据。

（二）促进全员沟通与参与

开展有效的绩效沟通是必不可少的，同时沟通应该贯穿于绩效考核所有环节，这对于绩效监控过程具有重要的意义。如果缺少了沟通，绩效监控过程就无法有效地与绩效计划、考核结合在一起，高校的绩效考核将流于形式，难以产生价值。因此，地方高校的绩效考核部门必须在有效的沟通基础上，组织开展地方高校绩效考核的监控管理工作，从而达到绩效考核的终极目标。只有全员参与沟通，并保证沟通的有效性，才能实现管理者对于行政管理人员的绩效辅导。基于此，在地方高校绩效考核优化过程中，管理部门要为行政管理工作者提供多样化的沟通渠道与形式，例如，高校的电子信息系统，可以建立一个绩效考核沟通渠道，让行政管理人员及时了解自己的绩效情况，并随时与管理者进行交流与沟通。

（三）进行深入细致的职位分析

职位分析是现代人力资源管理所有职能工作的基础和前提，是指通过对工作岗位科学规范的分析，从而确定该岗位的工作目的、工作内容、职责权限、工作关系以及任职资格等主要内容，并最终完成该岗位职务说明的一项管理活动。进行深入细致的职位分析对地方高校行政管理人员绩效管理体系的科学建立有着很重要的意义。

第一，职位分析为绩效标准的确定提供了依据。地方高校行政管理人员的绩效管理存在着目标不明、标准模糊的问题，什么是组织所认可与鼓励的"好"，什么是岗位所需要与肯定的"绩"，这些问题就是一个价值观和绩效标准的问题，如不澄清，将很难有进一步的推进。职位分析则可以明确地说明各岗位做些什么、怎么做、做到什么程度，做到这样的程度需要什么样的能力、资历与工作技能，以后的职位通道是什么等，这些岗位描述和资格分析是确定绩效标准和考评要素的直接依据。

第二，职位分析为绩效管理的有效实施提供了依据。对绩效管理的实施来说，职位分析明确建立了职位的绩效标准，一方面可以使高校行政管理人员明确什么是工作的有效绩效、什么行为产生有效绩效以及鼓励哪些绩效等，使其能够更好地开展各自的工作；另一方面也使绩效考评人员能够据此清楚地知道每个岗位应该考评什么、用什么标准进行考评等，这就使绩效管理的实施得以有的放矢。

第三，职位分析为绩效改进的方向和方法提供了依据。绩效管理的各个环节或目标就是要实现绩效改进，如果没有明确的方向和有效的方法，改进只是空谈。定编、定岗、定责及工作再设计等这些改进绩效的主要手段都必须在职位分析的基础上完成。通过职位分析，可以有效建立工作岗位的要素指标，确定工作岗位的价值等级，明确任职者的能力和资格要求，为人力资源计划的编制、人力资源的调配和人力资源的开发提供理论基础，实现科学定编定员，进而达到改进绩效的目的。

对地方高校各个职能部门和二级学院所有行政管理岗位进行深入细致的工作职位分析，是构建绩效管理体系的第一步。

（四）适当关注团队绩效

地方高校的特点要求每个行政管理岗位的人员具备多种能力，而每个人的能力结构是不同的，同时，一个人的能力也是有限的，并且地方高校的行政管理是个完整的系统，许多管理工作是相互联系、相互影响、相互制约的。所以，在地方高校行政管理人员绩效管理体系的构建中，不能只关注个人绩效而忽视团队绩效，这也就需要在进行个体绩效考评指标的设定时，根据各岗位的实际情况，适当加入一些与团队绩效和流程相关的指标，并通过团队绩效目标及相关工作流程将具有不同能力结构的人融合在一起，量才用人，各用所长。这样才可以形成团队成员互促共赢的局面，实现绩效最大化。

地方高校行政管理人员绩效管理体系中可以加入行政管理人员在工作中协助他人完成工作任务的部分考评项。对一个完整的行政机构进行团队化考核时，如果团队整体考核成绩较差，可以将团队每个人的考核成绩与团队整体绩效挂钩，这样能避免每个行政管理人员出于绩效考核的原因只算自己的小账，对别人的工作不予支持或配合不力而产生的整体绩效不高的现象，也只有这样才能真正从整体上发挥出团队协作的巨大潜力，实现整体绩效的提高。

二、地方高校行政管理人员绩效管理体系的保障

（一）制度保障

高校需要以制度的形式，明确各个岗位工作人员应该承担的职责。在对有关制度进行优化之后，管理者能够清晰地了解到自己负责的范围和应该考核的目标，确保高校的绩效管理工作有据可依。地方高校还需要建立合适的制度，营造良好的上下级沟通氛围。当行政管理人员遇到问题时，可以及时向管理者反馈。如果出现了分歧，行政管理人员可以畅所欲言。这种方式可以鼓励全员参与绩效管理。同时，还需要制定出完善的奖惩制度作为保障。激励制度可以激发行政管理人员的工作热情，使其能够积极主动地完成工作，进一步推进地方高校的发展与进步。而适当的惩罚也是非常有必要的，因为惩罚制度可以约束行政管理人员的行为。

（二）人员保障

人员是新体系的实践者，直接影响着绩效体系的实践效果。绩效考核小组主要负责绩效体系的实施，在具体的工作中，需要小组成员明确自己的责任与义务，正确行使自己的权力，激发行政管理人员的工作热情。管理者需要了解各个部门与被考核者对体系运行的看法，管理者也要以正确的态度看待行政管理人员，认识到行政管理人员的重要作用。

绩效管理体系是一个整体，因此行政管理人员和管理者是同等重要的。只有得到行政管理人员的理解与支持，才能更好地实现组织目标与行政管理人员的个人目标。强化行政管理人员的主人公意识和归属感，使其能为自己是高校的一员而感到自豪。

行政管理人员之间要进行有效的合作与交流，以提升绩效的质量。当出现问题时，要及时将问题上报给管理层，管理层应进行全面分析，制定出有效的措施，这样才能调动行政管理人员再次提出意见或建议的积极性，确保体系的有效实施。

（三）文化保障

绩效体系在应用过程中，也要有文化保障，地方高校需要将战略目标与文化进行有机结合，以提升行政管理人员对校园文化的认可度，发挥校园文化的积极作用。同时，引导行政管理人员学习高校文化具有重要的意义。一方面，通过知识的学习，可以让地方高校的行政管理人员及时了解自身存在的问题，积极学习新的业务知识与技术，形成新的观念与意识，促进管理工作的创新；另一方面，可以强化地方高校行政管理人员的服务理念，从而培养"以人为本"的服务意识。

参考文献

［1］ 刘新跃．地方高校哲学社会科学科研管理创新研究［M］．合肥：安徽人民出版社，2012．

［2］ 杨林，邹敏，冯江平．中国高校行政管理执行力研究［M］．北京：科学出版社，2013．

［3］ 梅友松，黄红英．地方高校转型发展研究［M］．北京：光明日报出版社，2015．

［4］ 陈笃彬．地方高校建设创业型大学的理论与实践［M］．福州：福建教育出版社，2016．

［5］ 王忠政．信息技术与地方高校本科教学深度融合的研究［M］．广州：暨南大学出版社，2016．

［6］ 张世爱．地方高校基层学术组织研究［M］．济南：山东人民出版社，2016．

［7］ 肖引．地方高校核心竞争力研究：基于我国城市大学的分析［M］．武汉：湖北人民出版社，2017．

［8］ 储著斌．现代大学治理的地方高校实践研究［M］．成都：西南交通大学出版社，2018．

［9］ 朱宛霞．地方高校转型发展与教师角色认同的探索［M］．北京：中国商务出版社，2018．

［10］ 王琪．高校人力资源管理与行政改革研究［M］．北京：北京工业大学出版社，2018．

［11］ 王清远，杨明娜．地方高校本科生拔尖创新人才培养机制的探索与实践［M］．成都：电子科技大学出版社，2019．

［12］ 李虔．民办高校分类管理政策的可接受性研究［M］．广州：广东高等教育出版社，2019．

［13］ 吴风奇．基于内涵式发展的地方高校缓解经费短缺的实践和探索［M］．长春：吉林大学出版社，2019．

［14］张继华. 教育遐想录：新时代地方高校高质量发展的理论与实践研究［M］. 成都：电子科技大学出版社，2019.

［15］曹巍. 地方高校大学生创业能力现状调查及创业教育质量评价研究［M］. 长春：吉林大学出版社，2020.

［16］蔡明山. 地方高校应用型人才培养的研究与实践［M］. 上海：复旦大学出版社，2020.

［17］罗向菲. 创新型人才培养模式下地方高校行政管理专业人才培养路径探索［J］. 教育教学论坛，2012（S2）：50-54.

［18］张志胜. 社会需求视角下地方高校行政管理本科的课程设置［J］. 山西农业大学学报（社会科学版），2012（12）：1299-1302.

［19］张丽珍. 地方高校行政管理专业人才培养的误区与矫正［J］. 科教导刊，2012（23）：128-129.

［20］姜士伟. 试论地方高校行政管理人才培养变革的"两难困境"［J］. 廊坊师范学院学报（社会科学版），2014（06）：86-89.

［21］孙发锋. 地方高校行政管理专业实践教学的问题及对策［J］. 重庆科技学院学报（社会科学版），2017（06）：115-117.

［22］彭正波. 审核评估背景下地方高校行政管理专业人才培养改革研究［J］. 社科纵横，2017（02）：166-169.

［23］付翠莲，鄢小艳. 供给侧视域下地方高校行政管理专业应用型导向人才培养路径［J］. 湖北成人教育学院学报，2019（04）：72-78.

［24］高蒙. 地方高校行政人员信息素养现状及对策研究［J］. 教育现代化，2019（86）：143-144.

［25］罗莹. 地方高校行政管理专业应用型人才培养模式的构建［J］. 北华大学学报（社会科学版），2020（01）：137-143.

［26］王焕. "双一流"战略下地方高校行政人员职业倦怠及激励机制改革探析［J］. 高教学刊，2020（35）：31-34.